U0018633

關西遊學自助

Kansai 超簡單

柴貓・文・攝影

目次 Contents

作者序

忽然一個瘋狂的念頭

對一個連平假名あ、い、う、え、お都背不齊的人,為什麼會決定跑到語言不通的大阪遊學 90 天呢?其實也沒有什麼驚天動地的理由,有時候下一個決定,都只是一個念頭罷了!

就像一般的上班族一樣,柴貓在某一天(疲勞的)下班之後,腦袋興起了一個瘋狂的想法:我想去日本流浪,體驗一下當地的生活!是的,我既不會說日文,英文也是破到無顏見江東父老;但是,有時候一項決定,當你覺得就是它了,不要遲疑,就放手一搏吧!想到就做的我,回家之後馬上攤開存摺(畢竟萬事都需要錢嘛),拿起了計算機開始規劃預算,翻開已經布滿灰塵的旅遊書,開始一步步計畫我的「大阪吃喝玩樂」瘋狂遊學之旅。

大家常說日本的物價很高,對於一般上班族或學生,想要在日本待上一段時間,就不知道要耗盡多少銀彈……嗯,我得說,日本的物價真的很高!柴貓算是親身經歷的人證,在大阪的時候,常常看到喜歡的東西想要買下來,但是當一看到商品的售價,瞬間臉就黑了一半(笑)……然而,這並不代表你無法在大阪盡情享受當地的生活,有計畫的使用銀彈,依舊可以在大阪開心的度過每一天。

除了預算控管之外,如何為一趟旅行下一個目標也是很重要的。在出發之前,先為自己下一個目標,不管是想要踏遍旅遊景點,或是學到最實用的語言,多去收集相關的資料和實踐自己的目標,在有限的時間內毫不浪費的享受每一天,那麼這一段旅程帶給你的收穫和感動,將會遠遠超出你的想像。

柴貓

Part
1

認識大阪
General Information

決定目的地
大阪小知識

決定目的地

為什麼是大阪呢？

東京帶給人時尚流行的印象，不管是電子產品，還是流行服飾、妝扮，一直都在關東占有領導的地位；北海道整片薰衣草花海和一望無際的雪景，總是能吸引著觀光客不停的拜訪；而京都古色古香的優雅和傳統的寺廟古蹟，是展現日本傳統之美的都市。老實說，柴貓也曾經考慮過這些地方，不過我對大阪的美食，從以前就抱持著一份憧憬，號稱「美食之都」的大阪，想到就會讓人口水直流的大阪燒、章魚燒、炒麵……等數不清的道地美食，豐富美味的料理是柴貓選擇大阪很重要的一個原因。

除了美食之外，大阪的物價和住宿花費部分跟東京相比，也低上許多；以房租來說，扣除禮金、押金不算，一樣的坪數，依照區域不同，大阪約略可以租到比東京便宜快 2 萬日圓左右的價錢。再加上大阪鄰近京都、神戶、奈良等地，假日如果想要來趟一日往返的觀光之旅，和居住在關東等地比起來，除了可以節省交通費之外，距離不遠的車程，不用特地下榻在當地，住宿費等開銷也可以直接省下。

如果你也是跟柴貓一樣，嚴重偏好美食和想要控制預算，對於京都、神戶、奈良等地亦打算好好玩樂一番的話，不妨就選擇大阪當作遊學的目的地吧！

從大阪前往京都、神戶都很方便

大阪小知識

在出發去大阪之前,先來了解一下有關於當地的小知識吧!

大阪基本歷史

一直以來,大阪在日本經濟上占有相當重要的地位。大阪是以前日本對外貿易的港口,而到 16 世紀末的時候,豐臣秀吉為了彰顯其政治地位而建立大阪城,也因此,在政治、經濟雙重加持之下,大阪逐漸演變成重要的政經要塞。現在,大阪則為關西的核心都市,最新的資訊或時下最 IN 的產品,在大阪都可以找到;不論是想探訪古時的歷史痕跡,或是想跟上最時尚的潮流,大阪這個熱情的都市都可以滿足你的需求。

大阪城天守閣

地理

日本是一個四面環海的島國,因為地形狹長的緣故,所以氣候變遷也顯得十分劇烈。日本從最南端北緯 25 度的沖繩到最北端北緯 45 度的北海道,涵蓋了亞熱帶氣候到寒帶氣候;而大阪位於日本最大的本州西部,大阪市面積約有

大阪的夜景

222 平方公里，以大阪市為中心擴大半徑約 50 〜 60 公里的範圍，規劃成大阪都市圈，為日本第二大都會區。

人口

日本的人口約有 1.27 億，大部分的人聚集在主要都市，造成高飽和的人口密度；以東京這個城市為例，雖然只占全日本約 4% 的面積，但是人口卻高達 1,300 萬人；而大阪為關西的核心都市，人口也高達 880 萬人之多。

熱鬧的道頓堀

匯率和貨幣兌換

日本的幣值面額為：紙鈔有 10,000、5,000、2,000、1,000 這四種，而硬幣則有 500、100、50、10、5、1 這六種。匯率部分要參考當日的匯率報表（網址：tw.money.yahoo.com/currency_exc_result?amt=1&from=USD&to=TWD）。

跨國提領現金

通常建議到日本遊學，除了要先攜帶相當於一、二個月份的現金（生活費）之外，最好在台灣就先詢問特定銀行，將金融卡辦理「跨國提領現金交易功能」，如果遇上緊急狀況需要現金時，利用金融卡就能在日本當地相同銀行直接提款，雖然很方便，不過還是需要注意當時的匯率和酌收的手續費。

還有像是旅行支票，在日本的使用率並不高，手續上

日幣 1 千元

日幣 1 萬元

也比較複雜；而使用美金直接兌換日圓，也有相關手續和一定金額的限制，因此大部分的商家還是以日幣交易為主。

時差

日本和台灣時差為 1 小時，建議在快抵達日本境內的時候，先將手錶調快 1 小時，以免因為時差而延誤行程。

航程

日本和台灣的飛行距離約為 3 小時；每日都有從台北直飛大阪關西機場的航班，像是日亞航每周 14 班次、國泰航空每周 7 班次等，在準備前往大阪之前，都可以先上各家航空公司網站查詢。

· 國泰： www.cathaypacific.com/cpa/zh_TW/homepage
· 華航： www.china-airlines.com/ch
· 日本航空： www.tw.jal.com/twl/zhtw

等待起降的飛機

成人節

國定假日

日本有許多的國定假期,在這邊先列出一些重點的國定假日。

除了每年年初最重要 1 月 1 ～ 3 日的新年之外;在 1 月第二個星期一是成人節,這天可以看見年滿 20 歲的女性,穿著和服去參與慶典或到神社參拜。在 5 月 3 日的(行憲紀念日)到 5 月 5 日(兒童節),會有為期 3 天的連續假期,搭配上例假日就是長達 5、6 天的「黃金周」;再來還有 11 月 3 日文化節,這是明治天皇的誕辰;以及 12 月 23 日現今明仁天皇誕辰等,都是日本特定的國定假日。

節慶祭典

所謂的節日慶典,是可以好好了解一個國家文化和當地風俗最直接的方式,日本有許許多多的慶典,有機會的話,最好親自體驗一下慶典的魅力。如果想參與日本一些特殊的慶典,可以直接前往梅田、難波等車站的遊客諮詢中心,那邊會提供許多當月或大型的特殊節慶活動相關資料。以下,先大略列出一些大型的節慶祭典。

賀茂祭

大型祭典

日期	祭典	介紹
5 月 15 日	葵祭	每年的葵祭,可說是京都的大型慶典之一。可以看到華麗的古代皇室遊行隊伍,也是許多觀光客爭相參與的大型遊行。
7 月 16 ～ 17 日	祇園祭	祇園祭和東京的神田祭、大阪的天神祭並列為日本三祭典,可以看到聲勢浩大的隊伍和華麗的花車在遊行行列中。
7 月 24 ～ 25 日	天神祭	除了可以看見河岸的船隻遊行之外,絢爛的煙火也是天神祭的重頭戲。

祭典活動

熱鬧的祭典和活動

日期	祭典和活動
1 月 9 ～ 11 日	十日戎祭典

各式小吃攤販

3 月下旬～4 月上旬	在大阪城公園的「西の丸庭園」有舉辦賞櫻花的活動
4 月上旬～中旬	造幣局開放賞櫻
4 月中旬～下旬	大阪川春運祭典活動
4 月下旬	大阪城公園的「西の丸庭園」舉辦星空演奏會
6 月 30 日～7 月 2 日	愛染祭
7 月 15 ～ 16 日	玉造稻荷神社的夏季祭典
7 月 24 ～ 25 日	天神祭
7 月 30 日～8 月 1 日	住吉祭
8 月上旬	淀川煙火大會
8 月 13 ～ 16 日	盂蘭盆會
9 月	岸和田だんじり祭
12 月中旬 （約兩周的時間）	光之祭（光のルネサンス）

美味的道地小吃

Info

相關活動網址

☆今宮戎神社：www.imamiya-ebisu.net/htm/top.html
☆大阪城：www.osakacastle.net/hantai
☆造幣局：www.mint.go.jp/sakura
☆水都大阪官網：www.osaka-info.jp/suito/
☆勝鬘院・愛染堂：www.aizendo.com/festival.htm
☆玉造稻荷神社：www.inari.or.jp/
☆住吉大社：www.sumiyoshitaisha.net/calender/natu.html
☆淀川煙火大會：www.yodohanabi.com
☆岸和田市：www.city.kishiwada.osaka.jp
☆光之祭：www.hikari-renaissance.com

好用的交通網站資訊

☆阪神電鐵：rail.hanshin.co.jp
☆阪急電鐵：rail.hankyu.co.jp
☆京阪電鐵：www.keihan.co.jp
☆近畿日本鐵道：www.kintetsu.co.jp
☆奈良交通グループホームページ：www.narakotsu.co.jp

Part 2

遊學規劃
Study Abroad

辦理遊學手續
安排住宿
預算控制

辦理遊學手續

　　相信很多人對於辦理「遊學手續」都帶有一些複雜的印象。「會不會很麻煩呀？」「我不會日文，要怎麼跟日本的學校或住宿地點聯絡呢？」「我完全不知道要從哪邊開始著手？」等，別擔心，柴貓一開始也是不知道該從何處著手，但實際辦理遊學的手續，卻比想像中簡單多了。

決定語言學校

　　當然，萬事起頭難。辦理遊學手續第一步驟，就是先挑選你想就讀的語言學校。什麼？語言學校？還要上課呀？所謂遊學，除了盡情玩樂，當然還包含讀書啦！如果你真的對日文學習一點興趣也沒有，口袋也夠深，可以 90 天完全不間斷地瘋狂玩耍，那我只能說太羨慕啦（笑）！但是如果你和柴貓一樣，除了體驗大阪當地的生活之外，還想帶更多收穫回台灣的話，在遊學過程中選擇一間語言學校就讀，也不失一個好方法。

　　有人會問，那我不是只剩六、日可以到處玩了，這樣時間會不會不夠呀？其實，就柴貓的經驗來說，大阪的語言學校，大多數區分為上、下午班這兩組時段；一開始進入語言學校時就有所謂的「能力分班考」，依據你的程度來決定就讀的班級，所以去語言學校上課的時間，通常只會占掉半天，剩下來的空檔就等你好好規劃利用啦！

　　等語言學校公布班級之後，不習慣早起或下午另有計畫的人，都可以和語言學校的事務人員溝通換班事項，不過事務所一般只接受以降級來更換上、下午班的時段，如果打算以跳級成功換班的機會通常不大，除非具有特殊的理由。事務所大多都有會說中文的事務人員，如果需要更換上課時間的人，就算日文不好還是可以和學校的事務人員商量。

　　回到正題，那要如何挑選語言學校呢？這其實要看個人的需求。有些人喜歡交通方便的學校，一下課不用 10 分鐘就可以輕鬆的在市區逛街；有些人喜歡挑選上課時數較長的學校，為了能讓日文進步更快；依據你的需求去挑選學校，

就能找到最適合自己的學校。

還有像柴貓之前曾經有過好笑的疑問？在大阪上課會不會學到的是「關西腔」呀？其實完全不會，在語言學校上課的老師們，教的都是字正腔圓的日文。不過如果有機會能和會說大阪腔的人聊天，就會發現大阪腔有一種獨特豪爽的語感，學起來也很有趣呢！

委託代辦中心

決定好想要就讀的語言學校，就正式進入遊學的辦理手續了。柴貓把遊學手續歸類成兩種──分別是懶人方法和勤勞方法。先要介紹的，就是輕鬆無負擔的懶人方法。沒錯，如果你和柴貓一樣是屬於抽不出時間，看不懂日文，對於遊學的認知完全是零的話，懶人級的方式最適合你，那就是找一家誠信可靠的「遊學代辦中心」來幫你的忙吧！

雖說找一間「遊學代辦中心」好像很簡單，畢竟只要在網路上搜尋一下，就會跑出許多資訊，但如何找到一家好的代辦中心可就是門學問了。除了要多收集不同代辦中心的資料之外，最好能走一趟代辦中心，親自和服務人員洽談遊學事宜，再來評估最適合自己的代辦中心。還有就是，代辦中心雖然可以幫忙省去很多遊學上的手續，但也不是將所有事情全部丟給代辦中心，你需要時常和代辦中心保持聯絡，詢問和匯集遊學時可能會碰到的問題。許多已經在日本展開遊學生活的「前輩」們，會將自己在日本碰到的問題反映給代辦中心，問題可大可小，但是多一分準備，在日本生活就多一分順利，所以多做一點功課是很值得的。

尋找好的代辦中心有幾點一定要注意。這家代辦中心成立了多久？之前有無不良的信用或問題？你每次提出疑問是否能在短時間給予答覆？這些都是用來篩選代辦中心的參考選項。

而代辦中心提供的服務，主要是幫忙你辦理就讀語言學校，以及找到短期住宿這兩件事情。每家代辦中心都有一些合作的語言學校，基本上單單只跑一、兩家去詢問是不夠的，多跑幾家代辦中心、多看幾所學校，對於想好好挑選學

校的朋友們，這種時間是不能省的。

接下來就是處理住宿的部分。其實代辦中心所提供住宿的房間，大多是和學校有共同合作，有點像是台灣的學生宿舍，在日本通稱為「寮」，這部分在住宿的章節會解釋得更清楚。不過在選定住宿地點，可以將租金、包不包含水電費、有沒有含網路，或是否有獨立的衛浴設備這些需求考慮進去，在預算和自己能接受的範圍取一個折衷點，相信在大阪要找到一個舒適的落腳處並不困難。

這邊先稍微說一個題外話。柴貓所住宿房間附近的「鄰居」，都是就讀同一所語言學校，也都是台灣人，更是同一家代辦中心出來的（笑）。並不是說這樣有什麼不好，當然代辦中心在辦理學生遊學時，統一辦理就會一起規劃房間，而演變成同鄉相見歡的情況。人在異地，朋友就是最好的家人；你可以在大家身上得到很多資訊，省去很多到處碰壁、語言不通的窘境；何況，整棟「寮」全部都是華語區的機率並不高，除非你就讀的語言學校特別受到亞洲學生的喜愛，不然在「寮」裡面，還是會遇見來自各個國家的朋友，不用擔心會變成身在大阪，卻只有中文對話的情節上演。

還有就是，如果你的懶人程度和柴貓一樣是屬於毀滅級，連機票都想請代辦中心幫忙代訂，一定要早 2、3 個月計畫，這樣搶到學生機票的機會就比較大。學生機票和一般機票的差異，除了價錢上比較便宜之外，行李重量也可以到達 23 公斤，比一般機票的 20 公斤硬是多了 3 公斤，相信大家要帶去大阪的家當一定不少，能多爭取 3 公斤的行李重量，何樂而不為呢？

輕鬆完成遊學手續

當你確定要找代辦中心辦理遊學手續後，除了一開始要先和代辦中心提起，你希望辦理學生機票，讓他們更早幫你處理之外；接下來代辦中心會讓你選擇想就讀的學校和希望搭配的學生宿舍。柴貓建議，盡量挑選交通方便的學校和宿舍，在台灣你可能對於交通費一天幾十塊不在意，但在日

本的交通費，可是貴到會讓你眼珠掉下來（經驗談）。我的朋友就是為了省住宿費，結果被代辦中心「建議」住到快靠近奈良的房子，但她卻就讀大阪的語言學校！結果省下來的住宿費，全部都被交通費吃回去，每天花在通勤的時間更高達2、3小時，一想到她每天都要通勤這麼長的時間，就忍不住為她掉幾滴同情的眼淚。

　　當語言學校和學生宿舍都確認好以後，接下來就是要匯款給語言學校和學生宿舍了。通常代辦中心會寄請款單給你，只需要依據上面的資料，到銀行完成匯款作業就可以了。以柴貓的經驗來說，是採取「全額到行」，也就是「雙電報的方式匯款」，在匯款單上備註的部分也填寫了個人的專屬代碼和名字的羅馬拼音，以便對方加快作業流程；因此在收到代辦中心所提供的請款單後，先詢問一下是否有特殊的匯款流程，填寫資料時也要小心不要寫錯拼音，如果因為粗心而導致匯款有錯誤，甚至需要聯絡到日本的學校或宿舍就很麻煩了。

　　待語言學校和學生宿舍的匯款手續都辦理完畢，其實整個懶人級的遊學手續已經完成90％了，真的是很簡單，對吧？最後就是前往由代辦中心所舉辦的行前說明會，在這場說明會中你會拿到入學通知書，如果有訂機票的人也會領到電子機票。代辦中心除了會說明抵達當地後的注意事項之外，如果需要接送到大阪宿舍的人，在這場行前說明會也會附上接送人員的聯絡方式和資料（不過需要事前先提出），就算是完全不熟的大阪，也不用擔心會因為迷路而找不到住宿的地方。

代辦中心辦理遊學手續簡易流程

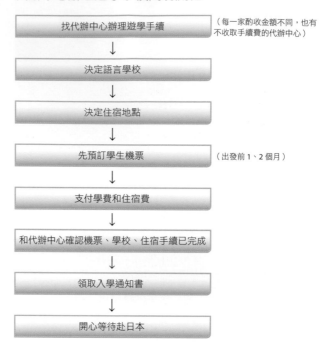

| 找代辦中心辦理遊學手續 | （每一家酌收金額不同，也有不收取手續費的代辦中心） |

↓

決定語言學校

↓

決定住宿地點

↓

| 先預訂學生機票 | （出發前 1、2 個月） |

↓

支付學費和住宿費

↓

和代辦中心確認機票、學校、住宿手續已完成

↓

領取入學通知書

↓

開心等待赴日本

自行辦理手續

　　柴貓私底下有詢問過代辦中心人員，自己辦理遊學申請手續和透過代辦中心辦理，主要差別在哪裡？代辦中心表示，也是有同學先透過網路，查詢想就讀學校的相關訊息，下載入學申請資料之後，再和日本的學校直接以 E-mail 聯絡。當然以上的步驟往來大多還是以日文溝通為主，入學申請的相關資料填寫和後續手續追蹤都必須自己來；不過好處是可以更自由選擇自己想就讀的學校，因為代辦中心並沒有和全部的語言學校合作，你想就讀的學校在代辦中心不一定找得到，而且有些代辦中心會酌收手續費用。

　　如果你的日文能力不錯又對學校有所堅持，不妨考慮親自辦理遊學手續。因為滯留日本的時間未超過 90 天，比起就讀日本大學的留學生，或是長期滯留日本的人來說，手

續相對精簡了許多。有興趣的朋友，可以自己親自辦理遊學手續。

Info

在留卡

自2012年7月9日起，日本提出了新的在留管理制度，也就是廢止「外國人登陸制度」，而更新為「在留卡」。「在留卡」所提供的新制度，除了延長外國人居留在日本的時間，還多了一項更為便利的服務——持有效護照的外國人在一年之內再次入境日本，不用在出境時辦理「再入國許可」，只需要在入境日本時出示「在留卡」，節省了重複辦理「再入國許可」手續的時間。

辦理遊學手續經驗分享

如前面所提及，柴貓是屬於懶人一族，所以包含尋找學校、住宿、機票全都是交由代辦中心辦理。一開始，我也是對遊學手續完全沒有頭緒，但是經過和不同的代辦中心洽談，到最後決定代辦中心，選擇好學校和投宿的地方，跟著行事曆的流程一步步完成後，直到出發前一晚才驚覺，嗯……我已經完成了所有的遊學手續，隔天這個時候我就已經在大阪展開遊學之旅了耶！

雖然懶人一族的方法很簡單，不過整個遊學手續比較需要注意的，就是匯款給語言學校和宿舍這個步驟。畢竟凡是談到錢就必須格外注意，更何況是一次要匯這麼大筆錢到不同的國家，如果匯錯了，怎麼要求退款都是一個問題。我的經驗是，在銀行匯款時先跟行員提出，這筆錢是要匯款到日本作為遊學用途，行員會拿一張「匯出匯款賣匯水單／交易憑證」讓你填寫，比較要注意的是第三欄受款人帳號、受款人名稱和地址，這是填寫你所就讀語言學校（或學生宿舍）的帳號，要小心填寫數字和羅馬拼音，完成匯款後也要再次和代辦中心確認對方有無收到這筆款項。

除了匯款這個部分需要特別留神之外，其他的手續相較之下就比較簡單了。只要跟著代辦中心的行事曆，一一確認所有的流程，就會發現原來辦理遊學手續是一件這麼簡單的事情。

安排住宿

　　要在大阪待上這麼長的時間，如何住得安全、舒適和劃算，是很重要的事情。雖然，選擇居住在大阪，已經比住在東京的費用來得便宜，但是，除了每個月的租金之外，其他生活的雜費（水費、電費、網路費）支出，也需要一併考慮進去，有效控制住的預算，就算是住在物價頗高的大阪，也能住得舒適又實惠。

學生宿舍

學生宿舍

　　像之前提到的，如果委託代辦中心辦理，通常代辦中心會建議你選擇和語言學校互相搭配的學生宿舍，也就是「寮」作為短期遊學居住的地方。當然，如果是因為交通或價錢、居住環境的問題，讓你想要選擇住在其他的地方，只要和代辦中心溝通，也是可以租到你理想中的房間。

　　不過以短期 3 個月內想在日本找投宿的地方，跟長期居住的人比起來，條件上相對嚴格許多。如果想要一個人在外面租公寓，通常在日本滯留時間低於 1 年是很難申請得到。而且，在日本租房子，費用不單只有押金這麼簡單，還包括入寮費、禮金、租賃保證金、火災保險金、鑰匙更換費用或退房清潔費、公共設施費、仲介手續費等。這些林林總總的金額加起來，真是一筆可觀的開銷；對於想要省錢的遊學生來說，選擇住在跟語言學校簽約的「寮」中，不但比較安全，而且大大省下了繁複的租房手續和為數不小的租賃費用，個人覺得對於想要省錢又怕麻煩的人，學生宿舍會是一個很好的選擇。

共用洗衣間

宿舍食堂

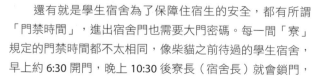
共用大澡堂

　　還有就是學生宿舍為了保障住宿生的安全，都有所謂「門禁時間」，進出宿舍門也需要大門密碼。每一間「寮」規定的門禁時間都不太相同，像柴貓之前待過的學生宿舍，早上約 6:30 開門，晚上 10:30 後寮長（宿舍長）就會鎖門，

當然有些人因為打工或其他原因晚歸，只要事前先告知寮長，就會有人幫晚歸的人開門。

當初如果有簽定包餐點的話，學生宿舍會提供廚房伯母（大部分是精通廚藝的媽媽們）所準備的早、晚兩餐；通常廚房伯母會先把一整個月的菜單公布在食堂前的布告欄上，讓住宿生知道未來一個月的菜色。早餐分為和食與洋食兩種，晚餐通常是日式家常定食。至於到食堂用餐的規則也很簡單，只要拿著寫有你名字的名牌，到取餐台上選擇要吃的種類，再將名牌放置到一旁準備好的名牌籃中就可以了。像柴貓寄宿的學生宿舍，聽說每餐的菜色都是請營養師評估過分量和營養；以在大阪隨便吃一餐，可能都要花上 800 多日圓來考量，在宿舍包餐，既可以兼顧健康又可以省錢，還真是佛心來著。

選擇學生宿舍時，一定要和代辦中心確認的是，住宿費中包不包水、電費和網路費等雜支費用。柴貓在大阪認識的朋友中，有人為了將住宿費用壓到最低，挑選了一家住宿費用相對便宜，但是不包水、電費的宿舍，結果在大阪 3 月天氣還帶有濃濃的寒意時，他卻為了要省下電費而不敢開暖氣，簡直就像電視劇中的阿信那般刻苦。不過，這完全要看個人所需，有些人認為除去上課和打工的時間（註一），實質上待在宿舍使用這些資源的時間很少，想要將這筆開銷省下來的也是大有人在。不管選擇哪種方式，事先向代辦中心詢問清楚，對於金錢花費的掌控上都將會控制得更仔細。

註一：想要在日本打工，必須申請相關證件。通常滯留日本的短期遊學生（90 天之內），是不能從事任何打工行為的。

Leo palace21 和 Weekly Mansion（適合不想住在學生宿舍和有點經濟基礎的人）

也有不適應學生宿舍的門禁或規矩，或是想體驗在一個區域只住 2、3 禮拜，時間到了就到處遷移，對於想嘗試這種背包客生活的人，這種以天或禮拜來計算的租屋方式

就很適合你；這邊先介紹兩種租屋機構——Leo palace21 和 Weekly Mansion。

在談到 Leo palace21 和 Weekly Mansion 之前，你或許會問，如果我想直接透過大阪的仲介租屋呢？柴貓只能告訴你，就像前面所提到的，在日本租房子，尤其不是本國人，限制其實非常多；如果沒有準備在當地待上 1 年以上的計畫，基本來說要租房子真的很困難，除了需要找到當地人作為你的保證人之外，房東那邊還會審核你所找保證人的職業、收入、你和保證人之間的關係。除此之外，還會要求你準備保證人的住民票、印章證明和親筆簽名。除了租屋前的手續非常繁複之外，一般出租的房屋大部分都是空房，也就是所有的家具、鍋碗瓢盆都要自己購買，以上所提到的花費還不包括禮金和仲介費呢！

所以如果不想住在學生宿舍，在日本也沒有認識的親友，這邊提到的 Leo palace 和 Weekly Mansion 或許就是不錯的選擇。

Leo palace 21

Leo palace21 的租屋方式和一般租屋方式很雷同，只是 Leo palace21 所提供的房間全部歸 Leo palace21 自己所有；也就是 Leo palace21 透過公司經營方式，統一管理旗下所有的房子，當你要透過 Leo palace21 租屋時，只需要和仲介人員談好房型、房租和你想租的地段，最後再將金額付清之後，抵達大阪就可以直接入住了。Leo palace21 租屋方式分為兩種類型，分別是短期（30～100 天）和長期購買月票（單位為一個月一張）；短期的承租時間最少為 30 天，超過 30 天就可以用天數來計算承租的時間，時間上的掌控非常自由；而長期則是購買以月為單位的月票，利用每個月使用一張票券的方式來承租房子。

柴貓覺得在 Leo palace21 租房子有一點很方便，如果你今天計畫先在大阪住 1 個月，接下來想要移動到東京也完全不需要擔心！因為 Leo palace21 在全日本都有提供房間承租，所以只需和承辦人員討論要搬移到哪一個區域，不用再花費第二次的手續費用，就可以輕鬆更換居住地點。

Leo palace21 提供所有家具、瓦斯、洗衣機、電視等生活家電，也包括衛浴設備和廚房，入住的時候不需要保證人、押金、禮金，且租屋內含網路（1,600 日圓／30 天），等於提供了生活上所有基本的設備。最棒的是，它在台北有設立公司，只需要在簽訂完合約之後，繳清所有費用，到大阪就可以直接入住，談到這邊有沒有很心動？等等，正所謂天下沒有白吃的午餐，這麼方便貼心的服務，當然收費標準上就比學生宿舍再「高」一點。

如果是想要省吃儉用的短期滯留族群，Leo palace21 的租金價格可能不像學生宿舍這麼親民，而且還會根據地段和房型，價錢上也有所落差；不過短期遷移族也不用這麼沮喪，因為在淡季的時候，Leo palace21 為了將剩下的空房承租出去，不定時會提供十分划算的租屋優惠，特別折扣的優惠價格甚至會降低到 50％，時常和承租人員保持聯繫，確認第一手優惠的便宜折扣，說不定就能以半價金額租到自己夢想中的房子。

Data

Leo palace21
◎ 網址：tw.leopalace21.com

Weekly Mansion

另一種方案 Weekly Mansion，正如它的名稱，是以一周作為承租房子的時間；它的租屋方式和 Leo palace21 其實很接近，但是 Leo palace21 最短期的租約至少要 30 天，而 Weekly Mansion 則是以天數來算，讓不定期移動的旅客，可以更彈性規劃自己的時間。它和下榻一般商務旅館的差別在於，Weekly Mansion 所提供的房屋中，雖然有附家具和電磁爐等基本設備，但像是碗筷等個人用品卻沒有包含在內，當然也不包括客房服務和清潔打掃了。

Weekly Mansion 的租金是以天數來算，依據地區不同而租金也有所變動，例如以大阪區來看，從最便宜的 3,400 日圓到 9,500 日圓都有，也可說是地段決定了租金的價格。但 Weekly Mansion 也會推出打折促銷的活動，目的就是要

將手上的空房趕快承租出去，柴貓就發現原價 3,400 日圓／天租金的房屋，因為促銷活動的關係，竟然下殺 5、6 折的破天荒價錢，入住一天只需要 1,600 日圓，連省錢一族的我，都心動得想打電話去預約入住了。

Data

Weekly Mansion
◎ 網址：www.wmt.co.jp

民宿或商務旅館（適合幾天就移動的游牧民族）

　　如果你計畫待在大阪的時間不長，或是每隔幾天，就會想移動前往不同的地方旅遊，又想要有人幫你打點好居住環境，那麼民宿或商務旅館可能就很適合你。

　　選擇民宿或商務旅館，除了便宜和乾淨是基本的要求之外，交通便利也是很重要的考慮因素。你可以選擇靠近地下鐵新大阪站附近的旅館，這樣要搭乘 JR 新幹線前往日本各地，像是關西之外的地方、東京、名古屋、廣島都很方便；但是如果你想前往京都、神戶的話，可以考慮投宿在地下鐵梅田車站附近，不管是要轉搭阪急或阪神這兩條路線，都有許多抵達京都或神戶的班次，對移動式的背包客族群來說，交通的便利性反而是首先考慮的選項了。

短期居住商務飯店

■新大阪青年旅社
　地址：大阪府大阪市東淀川區東中島 1-13-13
　電話：06-6370-5427
　網址：osaka-yha.or.jp/shin-osaka
　收費：單人床位約 3,300 日圓

■東橫 INN 新大阪中央口本館
　地址：大阪府大阪市淀川區西中島 5-2-9
　電話：06-6305-1045

網址：www.toyoko-inn.com

收費：單人房 6,200 日圓、雙人房 8,200 日圓（依據時節不同價格會有所變動）

■新大阪江坂 東急イン

地址：大阪府吹田市豐津町 9-6

電話：06-6338-0109

網址：www.tokyuhotels.co.jp/ja/TI/TI_ESAKA

收費：單人床位約 5,800 日圓、雙人房 8,000 日圓（依據時節不同價格會有所變動）

■大阪 COM'S 飯店

地址：大阪府大阪市北區豐崎 3-18-8

電話：06-6374-1111

網址：www.hotelcoms.jp/osaka

收費：單人房 4,400 日圓、雙人房 5,600 日圓（依據時節不同價格會有所變動）

■ DOTONBORI HOTEL OSAKA

地址：大阪府大阪市中央區道頓堀 2-3-25

電話：06-6213-9040

網址：www.dotonbori-h.co.jp

收費：單人房 5,100 日圓、雙人房 6,200 ～ 7,800 日圓（依據時節不同價格會有所變動）

■樂天トラベル網址：travel.rakuten.co.jp

　じゃらん net 網址：www.jalan.net

　hotels combined 網址：www.hotelscombined.com/CN

DOTONBORI HOTEL OSAKA

大阪居住經驗分享

柴貓選擇短期居住的地方,是前面章節所提到的學生宿舍。一來是只要在台灣透過代辦中心,就可以將所有的入住手續辦理完成,接下來只需要人拖著行李抵達「寮」,就可以輕鬆入住了,適合人懶又語言不通的我;加上包水電、網際網路和早晚兩次的供餐,「全配」的方案不用擔心生活上會有不方便之處。大部分的學生宿舍,每個房間都有附鎖和鑰匙,書桌也有抽屜鎖,可以將貴重物品妥善收好,說真的,貴重物品還是要藏在安全的地方,因為我也聽說過貴重物品遺失事件,畢竟人在外地,多一分小心總是比較安全的。

如果你住的房間內有附室內電話,千萬不要可愛到用這支電話每天和台灣的親友熱線 5 小時,最後你要離開宿舍時,看到電話帳單可是真的會熱淚盈眶!像是我住宿房間內所附的電話,主要是提供給宿舍內部通訊用,打內線聯絡其他室友是不用收費的,但如果一打出宿舍之外的範圍,就會收取額外的費用。對於沒有辦理手機又急著聯絡台灣親友的人,偶爾利用房內電話聯絡親友還是很方便的;但是如果想要省錢的話,可以參考後面提到「通訊聯絡」單元。

宿舍貼心小提醒

宿舍的走廊

住宿預算規劃上,柴貓選擇「全配」的住宿方式,所以生活上的大筆開銷,都包含在住宿費用中先行付清了,在後續規劃生活費上面,就不需要把水電、網路等費用計算進去。基本上只要不故意去破壞宿舍公物,或是狂打宿舍付費電話,就不會有太大大筆關於「住」的金額要支付,接下來只要控制玩樂和交通費的支出,規劃大阪遊學預算其實真的很簡單。

學生宿舍的玄關

公用的廚房

預算控制

　　談到這邊，遊學的手續幾乎已經完成將近 7 成。在鬆一口氣的同時，柴貓想先談談遊學中最重要的部分，如何精省預算。相信很多人和我一樣，想用最少的錢完成大阪遊學的所有支出，這時如何將錢花在刀口上就很重要。

　　有預算壓力的人，要如何找到便宜又適合自己的語言學校呢？首先過濾掉離住宿地方太遠的語言學校，以節省過高的交通費；接下來再比較語言學校的學費高低。每一間學校價錢差距其實不會太大，主要是看語言學校的授課堂數和有沒有包含大量的體驗活動；如果強調各式各樣豐富的體驗活動，那間學校的學費可能就會比一般語言學校的費用來得高些。

　　所謂「體驗活動」，就是由語言學校所舉辦各式各樣體驗日本風情或出遊等活動。其實，一般語言學校或多或少都有類似的活動，但是次數都不會太多；如果你選擇的語言學校，是屬於活動豐富，幾乎每 3、4 天都有出遊的活動，那間語言學校的學費相對就會比較高。

　　像是柴貓所就讀的語言學校，一季只舉辦一次出遊活動，短期生還要自費呢（笑）！但是，柴貓卻用不到 20 萬日圓就參與了 3 個月的課程；1 個月的學費大約 6 萬日圓，以當時的匯率換算下來約 2 萬多台幣，就可以在大阪就讀 1 個月的課程；和行程豐富的遊學團相比，以遊學團的費用大約 2 禮拜就可能要價幾萬台幣來看，選擇減少課外活動的學校，學費相對就精省許多。

　　談到住宿的部分，選擇住單人房或雙人房、包不包水電、供不供餐，這些都會影響到住宿費的價格。我的朋友裡，有不少人選擇不包水電，他們覺得這樣費用會比較便宜；也有些人雖然就讀大阪的語言學校，卻選擇住在奈良，就為了獲得比較便宜的房租費用，不管你怎麼選擇，在自己可以接受的金額內，挑選安全的居住環境，是最重要的。

預算表（表列式預算模式）

這邊先以柴貓自己在大阪 90 天內的總開銷，推估大略的總預算表。當然每個人的消費習慣、選擇學校和住宿地點一定有所差距，不過還是可以參考以下推估金額，試算一下自己的遊學金額總開銷。

【15 ～ 20 萬之內】積極省錢型

在物價頗高的日本，想將所有金額控制在台幣 15 ～ 16 萬之內，可能要採取積極的省錢模式。如果以大阪生活 3 個月來算，先要支出學費、住宿費、交通費等開銷，大約合計起來就要台幣 14 ～ 15 萬左右，還有一些生活上的雜費支出，非常拚命的節省，每個月可能也要花上 1、2 萬日圓左右，折合台幣大約是 3,000 ～ 4,000 元。所以想要以台幣約 16 ～ 17 萬完成日本遊學的夢想，雖然並非不可能，但是需要刪減很多額外的開銷，而到處吃和到處玩的慾望也需要十分克制，才能達成以最低的金額完成 90 天遊學的目標。

學費 189000 日圓／ 3 個月······················ 69930 元
＋住宿費 189000 日圓／ 3 個月·················· 69930 元
　（含早、晚兩次的供餐和水電費、網路費）

＋水、電費 0 日圓／ 3 個月······················ 0 元
＋網路費 0 日圓／ 3 個月························· 0 元
＋瓦斯費 0 日圓／ 3 個月························· 0 元
＋交通費（定期券）21900 日圓／ 3 個月車票····· 8103 元

大阪必要開銷：399900 日圓　　　　　　　147963 元

＋生活雜費 60000 日圓／ 3 個月··················· 22200 元
　（生活雜費包括：日常用品、學雜費、零花）

＝ 459900 日圓／ 170163 元

（以上日元以當時 0.37 匯率，參考作者自己支付學費、住宿費計算；交通費則是以難波←→江坂 3 個月車票定期券來推估）

【21～27萬之內】中階玩樂型

　　這個預算是給已經工作一陣子，存有一筆積蓄打算好好犒賞自己，在有計畫的預算控制下，稍微奢侈體驗大阪生活的人，所初估的中階玩樂預算表。為什麼會和積極省錢型在價錢上有3、4成的差距呢？這3、4成的價差主要是花費在吃和玩方面。出發之前，我詢問過很多人，這樣去大阪一趟預計大概要花多少錢？有些人保守的說只需花費15萬台幣左右，又有人說大約要花上台幣20～30萬；那時我就有很大的疑惑，不都是去大阪和停留一樣的時間嗎？這快要差到2倍的價錢究竟是怎麼一回事？

　　後來親身經歷之後，才知道這兩種說法都沒錯；你可以花15萬台幣在大阪生活3個月，也可以在同樣的時間花上2倍價錢體驗遊學生活；完全看你是如何計畫這趟遊學之旅。有些人只想好好在當地學習語言，覺得玩和吃並不是這麼重要，那麼第一個方案就非常適合；像柴貓我，打定主意看到的美食都要吃下肚，想去玩的地方都要走走看，所以3、4成的預算價格就這麼多出來。雖然說是抱持著觀光客的心情來體驗遊學生活，但遊玩的景點也沒辦法超過京都、神戶一帶；如果真的完全不顧慮旅費而跑遍全日本，像是東京、北海道等離大阪有一段距離的景點，這個粗估的預算表可能會需要上修個7成吧（笑）！

　　還有這個預算表雖然標榜為中階玩樂型，但還是有金額上的限制，所以平常該省的仍然要省，這樣才能將銀彈發揮到最大的作用。例如挑超商折扣日去買指定的水果、鎖定百元商店感恩大回饋買10件送1件的優惠時段、在心齋橋逛街時貨比10家再出手等小撇步，都是能省下不少銀彈的小動作。

　　在平常省下許多的小錢，再將累積下來的小錢聚集起來，就可以用在交通費和門票的支出；不要小看這兩筆費用，交通費在日本真的是一筆很大的開銷，就算是走路只需要10分鐘的路程，搭一趟地鐵就需要花費230日圓，相當台幣快90元耶！而門票花費的威力，去一趟京都或神戶觀光，一定可以充分體會到，因為不管是京都寺廟或神戶異人

館等觀光景點，入內參觀都需要收取門票費用；在大阪則是有海遊館和 USJ 這兩個熱門景點等著你光臨，想要一次玩完所有的地方，不省著點怎麼行！

學費 189000 日圓／3 個月	69930 元
＋住宿費 189000 日圓／3 個月	69930 元
（含早、晚兩次的供餐和水電費、網路費）	
＋水、電費 0 日圓／3 個月	0 元
＋網路費 0 日圓／3 個月	0 元
＋瓦斯費 0 日圓／3 個月	0 元
＋交通費（定期券）21900 日圓／3 個月車票	8103 元
大阪必要開銷：399900 日圓	147963 元
＋生活雜支 105000 日圓／3 個月	38850 元
＋遊玩 75000 日圓／3 個月	27750 元
＋交通費（超出定期券的乘坐範圍）60000	22200 元
＋私人開銷（衣服、伴手禮）50000	18500 元

＝ 689900 日圓／255263 元

（以上日元以當時 0.37 匯率，參考作者自己支付學費、住宿費計算；交通費則是以難波⟷江坂 3 個月車票定期券來推估）

【無上限】放空花錢型

　　最後一組預算要提的，是柴貓幻想的編列數字。當然，以台灣經濟發達的階段，可以達到這目標的應該還是大有人在啦！對於可以自由的揮霍日圓……啊！不！是促進金錢的流通（笑），我只有一句話要說：「不瘋狂的買和玩，你就太對不起自己了！」沒有預算壓力的人，除了平常逛街血拼不可以少之外，好好利用黃金周或寒、暑假連休的時間，先飛到東京去感受一下流行，再繞到沖繩曬曬太陽，最後順道去北海道看看薰衣草兼吃拉麵。如果你可以這樣玩的話，真、真的是讓人羨慕到沒有天理啦！

學費 189000 日圓／3 個月⋯⋯⋯⋯⋯⋯⋯⋯⋯⋯⋯⋯ 69930 元

＋住宿費 189000 日圓／3 個月⋯⋯⋯⋯⋯⋯⋯⋯⋯⋯ 69930 元

（含早、晚兩次的供餐和水電費、網路費）

＋水、電費 0 日圓／3 個月⋯⋯⋯⋯⋯⋯⋯⋯⋯⋯⋯⋯⋯ 0 元

＋網路費 0 日圓／3 個月⋯⋯⋯⋯⋯⋯⋯⋯⋯⋯⋯⋯⋯⋯ 0 元

＋瓦斯費 0 日圓／3 個月⋯⋯⋯⋯⋯⋯⋯⋯⋯⋯⋯⋯⋯⋯ 0 元

＋交通費（定期券）21900 日圓／3 個月車票⋯⋯⋯ 8103 元

大阪必要開銷：399900 日圓　　　　　　　147963 元

＋生活雜支？日圓／3 個月⋯⋯⋯⋯⋯⋯⋯⋯⋯⋯⋯ ？？？元

＋遊玩？日圓／3 個月⋯⋯⋯⋯⋯⋯⋯⋯⋯⋯⋯⋯⋯ ？？？元

＋交通費（超出定期券的乘坐範圍）？⋯⋯⋯⋯⋯ ？？？元

＋私人開銷（衣服、伴手禮）？？⋯⋯⋯⋯⋯⋯ ？？？？元

= ？？？日圓／？？？？元

（以上日元以當時 0.37 匯率，參考作者自己支付學費、住宿費計算；交通費則是以難波←→江坂 3 個月車票定期券來推估）

Part 3

行前安排
Before Going to Osaka

行前準備
通訊聯絡

行前準備

必要證件

護照

　　對於第一次出國的人，要申辦護照可以到「外交部領事事務局」去申請；需要先行準備身分證正反面影印本和 6 個月以內的 2 吋彩色照片 2 張，並支付新台幣 1,300 元作為申辦護照的費用。自民國 100 年 7 月 1 日起，第一次辦理護照的人，必須親自前往外交部領事事務局或外交部中、南、東辦事處辦理；如果本人不克前往，委託辦理人可以先前往「外交部委辦之戶政事務所」先確認委託辦理人的身分，再請代辦人到指定場所辦理即可。

Data

```
外交部領事事務局
◎ 地址：台北市濟南路一段 2-2 號 3 ～ 5F
◎ 聯絡電話：02-2343-2888
◎ 申請時間：周一至五，早上 8:30 ～ 5:00（中午不休息）
　　　　　　每周三延長辦理時間到晚上 8:00 止（國定例假日除外）
◎ 工作天數：自繳費之後的半天算起，一般件為 4 個工作天；遺失補發
　　　　　　護照為 5 個工作天。
```

簽證

　　凡持有中華民國護照的民眾，因為觀光、旅遊或商務性質而前往日本 90 天以內，不需要另外申辦簽證，只需要持中華民國護照，就可以免簽證入境日本境內。所以，如果打算在大阪停留 3 個月以內，是不用特地辦理外國人登陸證，只需要持有效護照就可以了，這對短期滯留日本的人，省掉了很多複雜的手續和費用，但是上述皆以在大阪境內滯留不超過 90 天為前提。

追蹤氣候

　　在整理行李時，一定很困擾不知道該怎麼帶合適的衣物前往大阪。其實大阪的氣候四季分明，如果你是春、秋這兩

季抵達大阪，帶的衣物比照台灣相同季節即可，不過如果是
2、3 月期間，最好還是多帶 2 件外套，以備不時之需；碰
到夏天的季節，則需要注意防曬，大阪的夏天氣候炎熱程度
完全不輸台灣，不過是屬於乾熱型，體感溫度上來講比較舒
適；如果是冬天抵達大阪，記得把家中最保暖的衣物都塞進
行李箱吧！雖然大阪不像北海道一樣下雪機率這麼的頻繁，
但是平均溫度大多不會超過攝氏 10 度，為了預防感冒，還
是多帶一些衣物比較保險。

春天

　　3 ～ 5 月主要是大阪的春天，這時剛
從冬天轉換季節；在 3 月的時候，溫度經
常會在攝氏 10 幾度上下，還是需要準備外
套在身邊；到 4 月之後溫度會正式穩定下
來，也準備進入到粉色的櫻花季，是大阪
一年中最繽紛的夢幻季節。

夏天

　　6 ～ 8 月正式進入大阪的夏天。大阪
夏天高溫的程度，一點都不輸給台灣；但
和台灣的溼熱氣候不一樣的是，大阪的夏
天屬於乾熱類型，雖然 8 月多的氣溫很高，
卻不像台灣會感覺到悶熱，不過一樣的是
烈陽高照，隨時做好防曬措施是很重要的。

櫻花盛開的季節

秋天

　　9 ～ 11 月是號稱食慾之秋的季節。此
時栗子、竹筍等秋季美食紛紛上桌，充分
滿足每一位饕客的味蕾；而溫度也從炎熱
逐漸往下降，尤其是 10、11 月，舒爽的溫
度是最適合外出踏青的季節，如果又碰上
日本鮮紅奪目的楓葉季，觀光客的數量一
點都不輸給櫻花綻放的季節。

5 月氣候十分宜人

冬天

12、1、2 月是大阪的冬天，比台灣的冬季溫度要低上許多。冬天的大阪，街道上過往的行人都將自己包得密不透風，就可以得知溫度低於攝氏 10 度的大阪，是真的很冷。不過如果幸運的話，在大阪的冬天碰到翩翩落下的白雪，那一片雪白的感動，讓寒冷的冬天增添了一份浪漫氣氛。

行李打包

說到行李打包，就是一門學問了，如何將必備物品帶齊，又不超過 20 公斤的範圍，就需要好好檢視一下行李的內容物。除了最基本的護照、個人衣物、盥洗用具、保養品、備用藥物之外，日文辭典和筆記本也可以斟酌放入行李清單中。在必備行李之中，有幾樣物品特別要注意，就是隱形眼鏡、插座轉接頭和延長線。和台灣不同的是，如果想要在日本當地購買隱形眼鏡，是需要拿到醫生所開的診斷證明，自己去眼鏡行是無法直接購買隱形眼鏡的；為了避免多花一筆診察費用，最好能在行李中多準備幾副拋棄式隱形眼鏡以備不時之需。

插座轉接頭

在日本的電壓為 100 伏特，而台灣的電壓是 110 伏特，基本上所有的電子用品是可以互通的，不用特地準備變壓器；但是為了避免插頭的規格不同，多準備一個 3 轉 2 的插座轉接頭和一條多插座的延長線，就不用擔心在住宿的地方會因為插座不夠用而感到困擾了。

最有用的物品

以柴貓的個人經驗來說，行李中最有用的物品，我想除了旅行書之外，就是延長線和〇〇牌的感冒藥。旅行書是我 3 個月的玩樂指南，只要決定好目的地，揹上背包拿起旅行書，就可以去任何想前往的地方；帶一本寫滿旅遊景點的旅行書吧！從一開始照著景點的指標走，到最後經由自己開發未知景點所帶來的感動，靠雙腳踏遍每一處想去的地方，完成屬於自己的豐富旅程。

我投宿的房間只有配置一個插座，但是筆電、檯燈、

充電器和太多的電器用品需要同時使用，只有一個插座完全不夠用，這時從台灣帶過去的延長線就發揮作用，讓我可以一邊寫旅遊日誌、一邊幫相機充電，不用為了插座不夠的問題而傷腦筋。

實用延長線

最後要提到、也是最實用的，就是在行李中記得要帶上自己慣用的藥物，或是感冒藥。其實我是建議如果生病了，最好直接找醫生看診，確切把病因找出來；但在日本，醫藥費真的是很高，尤其短期遊學的學生，沒有像待上一年以上的長期生會辦理健保卡，所以就算是一般醫療診所，完全自費的結果，醫藥費是非常驚人的！這是柴貓的親身經歷，在春夏交替季節碰到同宿舍的友人，有小感冒的癥狀，他想去藥局買感冒藥服用，卻又擔心因為語言不通，傳達錯誤病情吃錯藥而讓感冒加重，這時我帶來附有中文說明的〇〇牌感冒藥就派上用場了（當然，最好是帶過去的感冒藥完全不要派上用場）。還有就是，如果有特殊病史，最好在出發去大阪之前，先詢問自己的主治醫生，在評估完安全性後再攜帶正確的處方藥物；如果在日本的藥局購買成藥，相同的藥物也需要考慮成分和劑量問題，如果能在準備行李時事先考慮到這一點，就可以少一份擔心！

剔除過重的物品

一開始整理行李的時候，想到物價偏高的日本，就把所有想到的生活用品統統塞進行李箱中，結果我的家人看到了，就笑說我一定還沒有出關，便會因為行李超重而罰一大筆錢，這時我才想到經濟艙的行李重量只有 20 公斤，我的行李怎麼看都像超過 40 公斤的樣子（笑）。經過和家人的一番討論，決定先將沐浴乳、洗髮精、隱形眼鏡藥水等較重的物品，由大分量換成旅行組，等抵達大阪之後，才到藥妝店一次補足；而語言書籍或文法書之類的課本，酌量攜帶最需要的就可以了。

另外像是過於占空間的物品，例如被子、枕頭等寢具，在學生宿舍都有提供租借的服務，不需要自己辛苦的攜帶過

去，只要在出發前先向代辦中心確認租借訊息即可。經過一番行李瘦身，剔除了許多過重或不需要的雜物，行李看起來真的精簡了很多，以下是柴貓所精簡出的行李清單，供大家參考，順便幫自己的行李瘦身一下：

☐ 護照	☐ 保養品
☐ 機票	☐ 數位相機或筆電
☐ 現金	☐ 翻譯機
☐ 國際提款卡或信用卡	☐ 日文辭典
☐ 護照影印本	☐ 空白筆記本、筆
☐ 個人慣用藥物	☐ 備用隱形眼鏡
☐ 個人換洗衣物	☐ 插座轉接頭和延長線
☐ 盥洗用具	☐ 旅行書
☐ 雨傘	☐ 鬧鐘

經驗小分享

有關行李打包的小撇步，我也是從一開始亂塞東西到最後學會有條理的整理行李。就像前面章節所提到的，個人慣用藥品在詢問過醫生之後，攜帶一些安全範圍內的感冒藥物是很重要的。再來就是隱形眼鏡等在日本不易買到的個人用品，多準備幾副月拋準沒錯；柴貓就發生過準備出門上課的時候，因為時間來不及又慌張的情況下，把隱形眼鏡直接沖到排水管的慘事，還好之前有準備備用的隱形眼鏡，不然叫我去跟驗光師比手畫腳，我還真的不知道該怎麼辦呢！

倒是衣服等占空間的行李，只需要帶適量過去就可以了，因為像是心齋橋、梅田等流行逛街天堂，血拼族怎麼可能不動心？還不如多留一點空間，到時回台灣戰利品就多一點地方可以放了（笑）。另外，瓶瓶罐罐太重的東西真的要節制，我的朋友就是一口氣帶了 6 瓶隱形眼鏡藥水，所以在還沒出境時，就因為行李超重而被罰了錢，到最後那些藥水也沒用完，只好分送給室友。太占重量的生活用品，事實上都可以在當地便宜的藥妝店買到，真的不用太擔心，反而是重要的護照、機票、信用卡和國際提款卡千萬不要忘記。其實打包行李真的很簡單，不是嗎？

通訊聯絡

自己一個人出門在外，為了不讓家人擔心，定期報告生活近況是很重要的。但是，在台灣打網外電話就已經不便宜了，更何況是從大阪打到台灣的國際電話呢？要如何將每月的國際電話費壓到最低，卻又可以時時和台灣親友熱線久久，就需要一些小撇步，這裡提供兩種撥打國際電話的方法供大家選擇。

國際電話卡

一談到在國外撥打電話，國際電話卡大概是許多人的選擇吧？只需要到電信門市，或是和超商服務人員說：「我要購買多少錢的國際電話卡。」接下來再依著使用方式，就可以輕鬆和台灣親友通話了。同樣是國際電話卡，柴貓在這邊提供一個不錯的選擇——瑪凱電信。

瑪凱電信使用上和國際電話卡很類似，但是價錢和費率上卻比較優惠。它的費用算法，以購買「瑪凱精靈日韓卡1,000 元」的面額來說，從台灣撥打到日本（市話）每分鐘只需要 1.47 元（折算過後），而 080 手機撥打日本（市話），每分鐘只需要 4.42 元起（折算後）。除了費率上比較便宜之外，電話卡的面額也相當優惠，以購買「瑪凱精靈日韓卡1,000 元」來說，搭配優惠的方案，只需要付費 750 元就可以購買到 1,000 元的面額，等於折扣了 2 成 5 的費用，這樣一算下來，馬上省下 250 元的通話費用，有興趣的人可以親自到官網搜尋最新訊息。

（以上費率為 2012 年 4 月 29 日的瑪凱電信網站費用顯示，正確費率請至該網站查詢）

Data

瑪凱電信
◎ 網址：www.mkycard.com.tw/smart.

日本公用電話

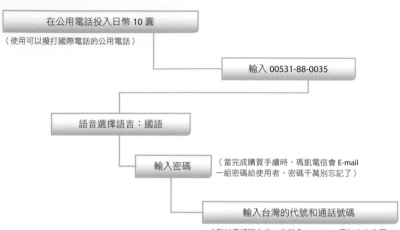

在公用電話投入日幣 10 圓

（使用可以撥打國際電話的公用電話）

輸入 00531-88-0035

語音選擇語言：國語

輸入密碼

（當完成購買手續時，瑪凱電信會 E-mail 一組密碼給使用者，密碼千萬別忘記了）

輸入台灣的代號和通話號碼

（例如撥打回台北，先輸入 002 886+ 再加上台北區碼 2+ 最後輸入電話號碼→ 002 886 2 台北電話號碼）

skype

　　再來要介紹的，是較省錢、也是年輕人較上手的一種——skype。看到 skype，很多人可能會疑惑，我們不是在討論如何用電話聯絡台灣親友嗎？怎麼忽然談到線上聊天？其實，skype 有一項不常被使用的功能，就是利用其線上服務來撥打電話。使用方式很簡單，只需要到電子商場跟老闆說明要購買 skype 的專用電話，之後會拿到一個有 usb 接頭的話筒；只要將它和你的筆電連接，登入 skype 之後再按下聊天頁面的電話按鍵，就可以輕輕鬆鬆和台灣的親友聯絡了，非常方便。

　　skype 不但收費比國際電話卡便宜一些，也不用在半夜三點想打電話時，天寒地凍的跑出去尋找電話亭，這麼省錢又省力的方法，當然要分享一下呀！如果筆電有內建攝影機，登入 skype 之後還能做遠端視訊，除了聲音之外，還能直接看到本人的現況，讓台灣親友的擔心程度馬上下降50%。如果擔心家中長輩不會使用電腦的人，也不用操心，skype 的電話功能可以直接撥打室內電話。

　　skype 的收費方式採取購買點數，一次購買金額約台幣400 元，使用的是信用卡付費方式；就算人遠在大阪，只需

要直接在線上購買點數，帳單會直接寄到台灣的家中，很方便吧！像柴貓在大阪這段時間就是利用 skype 和台灣的家人聯絡，3 個月花在電話費上也才台幣 600 元，這和利用手機漫遊或在 softbank 辦手機的費用比起來，簡直便宜太多了！（skype 撥打日本費率 0.916 NTD ／分鐘。以上為 2012 年 7 月 22 日的費率，正確費率請上官網查詢）

Data

skype
◎ 網址：skype.pchome.com.tw

大阪的電信業者： softbank

softbank 是大阪電信業者之一，主要提供指定款的 0 元手機給學生或想要省錢的族群。不過，想要在大阪辦理手機的人，行程規劃最好是有要待滿 1 年以上的時間；因為 softbank 的手機方案雖然有吸引人的優惠，但需要綁十幾個月以上的合約，如果約期未滿就離開大阪或解約，可是須支付為數不小的違約費用。

Data

softbank
◎ 網址：mb.softbank.jp/mb/customer.html

往返機場與大阪交通
Getting There & Away

如何抵達大阪
遊學流程總整理

如何抵達大阪

　　在準備了這麼久的前期作業之後，終於到了啟程前往大阪的一刻。對於第一次出國的人，出國的手續上可能很陌生，柴貓在這邊先大略帶過相關的手續，搭飛機前往大阪其實很簡單呢！

出境＆入境

出境

Step 1：提早 2 個小時抵達機場，讓自己有充裕的時間準備登機。到機場後，將手上的電子機票拿到航空櫃台確認機位，讓航站人員測量行李重量和檢查是否有攜帶危禁品。

Step 2：拖運行李經過 X 光檢測確認沒有攜帶違禁品之後，就可以拿著機票和護照準備入關了。

Step 3：將護照和登機證交給出境關員檢查，再拿著隨身行李進海關檢查。

Step 4：前往登機艙門，等待登機。

桃園機場大廳

機場內部設施

機場登機門

機場航廈說明

確認航班和登機門號碼

入境

Step 1：下飛機後依據指示前往入境大廳方向。

Step 2：拿著護照和填寫好的「外國人入境卡」一起交給關員檢查。

Step 3：抵達大廳後查看行李告示牌，到指定行李轉盤提領行李。

Ste p4：拿到所有行李之後，最後出關前要填寫一份「攜帶品‧另外寄送物品 申告書」，填寫完成後交給海關人員完成出關手續。

Step 5：前往入境大廳準備搭車到大阪市區。

從關西機場抵達目的地

　　搭乘國際線抵達關西機場的人，會在機場大樓 1F 出關；而離境要回台灣的旅客，則要前往機場大樓 4F 搭機離開。在 1F 出機場大廳之後，前往人阪市區的方法有很多種，大家可以依據自己的需求，選擇最快速或最便宜的方法抵達大阪市區。

關西機場

南海電鐵

　　南海電鐵和關西機場的走道相連，一出機場大廳之後，照著指示朝「Railways 鐵道」的方向走，就可以看到收票入口。南海電鐵和 JR 關西空港線是同一個入口、不同月台發

車；它主要是給前往「難波」方向的旅客搭乘，在抵達終點站「難波」站之後，就可以轉搭地下鐵前往你的目的地。搭乘「南海電鐵——特急」抵達「難波」，全程大約會花上35分鐘左右，非常快速；如果搭乘的是「南海電鐵——普通」，雖然票價上最便宜，但每站都停的結果，抵達難波大約要花上75分鐘左右。

Data

南海電鐵
◎ 網址：www.nankai.co.jp/traffic/jikoku

Railways 售票處

南海空港線入口

乘車指示

關空快速列車

Railways 大廳

南海電鐵售票機

南海電鐵乘車處

最新優惠方案

関空ちかトクきっぷ

南海電鐵於 2012 年 4 月 1 日至 2013 年 3 月 31 日這段期間，推出了最新的優惠方案——関空ちかトクきっぷ。只要購買関空ちかトクきっぷ，從關西機場搭乘南海電鐵前往大阪市區，成人只須花費 890 日圓即可。例如我從關西機場前往住宿地點梅田，之前需要花費的車資包含南海電鐵 890 日圓和大阪地下鐵前往梅田站的車資 230 日圓，利用関空ちかトクきっぷ，全程只須 890 日圓即可。大阪地下鐵各站到難波間的範圍都適用，是節省交通費的一項新資訊。

関空ちかトクきっぷ

Data

関空ちかトクきっぷ
◎ 網址：www.nankai.co.jp/traffic/otoku/chikatoku

購買関空ちかトクきっぷ的指示

划算的車資

JR 西日本 關西空港線

至於和關西機場相連的另一條鐵路 JR 關西空港線，主要提供給前往「天王寺」、「新大阪」，或是「京都」的乘客搭乘，準時的發車時間和車廂內乾淨整潔是受到乘客歡迎的原因之一。

Data

JR 關西空港線
◎ 網址：www.jr-odekake.net

機場巴士

搭乘機場巴士前往大阪市區的人，只需要走出 1F 機場大廳，先在自動售票口購買乘坐券，之後在指定搭乘地點上車即可。前往難波（OCAT）方向的機場巴士，抵達難波的時間大約 50 分鐘左右，成人一張票收費 1,000 日圓，行李部分有人會幫忙搬運，車上位置舒服適合休息，是另一項前往大阪市區的輕鬆選擇。

■難波（OCAT）方向

機場巴士搭往難波的方向，單程 1,000 日圓，車程一趟約 50 分鐘。

■大阪駅前方向

機場巴士往梅田的方向，單程 1,500 日圓，車程一趟約 60 分鐘。

機場巴士

作者經驗分享

柴貓在抵達關西機場後，選擇了搭乘機場巴士前往大阪市區。雖然和南海電鐵相比多花了一些時間，票價上也比「南海電鐵——普通」來得貴一些；但是搭乘機場巴士不用在車站內拖著行李轉車，也不用擔心因為上錯列車而被載到別處去；對於第一次在大阪搭車或日文還不太精通的人，是一個不錯的選擇。

遊學流程總整理

　　看到這個章節，所有的前置流程幾乎算是完成了！接下來就是讓自己好好體驗大阪的遊學生活。要有怎麼樣的旅程，多精采的生活，完全看自己如何規劃和看待這段時間；一分一秒都不要浪費，盡情的去接收新的事物和認識新的朋友，相信這段大阪遊學之旅，將會成為人生中收穫豐碩的美好回憶。

複習一下遊學全部流程

代辦中心辦理遊學手續
↓
決定語言學校和住宿地方
↓

預訂學生機票		抵達宿舍
↓		↑
支付學費和住宿費（自行到銀行匯款）		抵達難波站，轉搭地下鐵前往住宿的地方
↓		↑
確認機票、學校、住宿手續已完成		購買機場巴士票券（往難波方向 1,000 日圓）
↓		↑
領取入學通知書		通過海關檢查護照和拿取行李
↓		↑
出發當天檢查所有行李		入境（抵達大阪）
↓		↑
出境（離開台灣）	→ → →	

Part
5

玩遍大阪
Travel in Osaka

大阪怎麼玩
御堂筋線真方便
櫻花盛開必去勝地
必玩的遊樂園

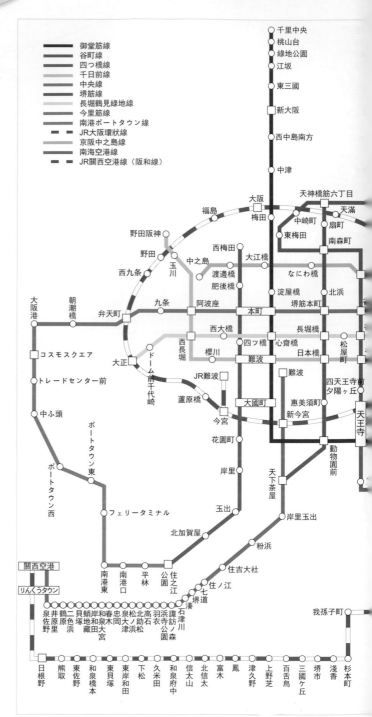

大阪鐵道和地下鐵路線圖（F.R. AC.）

大阪怎麼玩

當你在大阪一切安頓好後，或許離語言學校開學還有
1～2禮拜的時間，何不利用這段時間好好體驗一下大阪好
吃和好玩的地方？大阪的市內交通以地下鐵最為方便，其中
貫穿多個熱鬧景點的「御堂筋」線，每日大量的人潮和運輸
量均顯示其重要地位；「御堂筋」線上有美食聚集和交通轉
運中樞的「難波」站、逛街血拼天堂的「心齋橋」站、時尚
集中的百貨一級戰區「梅田」站，以及JR線轉乘樞紐的「新
大阪」站。

除了「御堂筋」線之外，搭乘「千日前」線可以抵達
有大阪廚房之稱的黑門市場；坐上「JR環狀」線則可以一
訪大阪城公園；轉搭「堺筋」線更可以登上通天閣俯瞰新世
界。這麼多景點都只需要搭乘地下鐵就可以抵達，想要好好
認識大阪，先弄清楚地下鐵交通準沒錯！

年輕人聚集的美國村

御堂筋線眞方便

心齋橋

　　要説心齋橋筋商店街是少女們的逛街天堂，一點也不為過。全長 600 公尺帶有屋簷的走道，不論下雨，還是出大太陽，都可以逛得輕鬆又毫無負擔。商店街兩旁的商家，販售現今大阪最時尚的服飾，價錢部分也比百貨公司容易讓人接受，對於精打細算的血拼族而言，是絕對不能遺漏的逛街地點。

　　心齋橋筋商店街除了販售最流行的服飾之外，在商店街裡也可以看到許多便宜的藥妝店，不管是要一次買齊生活用品，或是想找新推出的藥妝都可以滿足你的需求；還有創立百餘年的壽司店、受到觀光客喜愛的立食拉麵，或是歷史悠久的蛋包飯，全部都聚集在這裡，讓饕客們不用東奔西跑就可以一次嘗遍所有美食；加上商店街位於御堂筋線上、又緊鄰交通轉運樞紐難波站，集合流行、美食和交通便利於一身的優點，是不可錯過的購物天堂。

熱鬧的心齋橋筋

大丸百貨

只要在心齋橋逛街，很難不注意到這棟建築外觀帶著古典優雅的百貨公司。大丸百貨為歷史悠久的百年老店，內部販售的品牌也帶有濃厚的高雅氣質，很受氣質貴婦們的喜愛。比較特別的是，大丸百貨有提供美金兌換日圓的服務，只需要攜帶護照和金額在 500 美金之內，都可以兌換，是一項極為貼心的服務。

大丸百貨

Data

大丸百貨
◎ 地址：大阪府大阪市中央區心齋橋筋 1-7-1
◎ 營業時間：10:00 ～ 20:00
◎ 網址：www.daimaru.co.jp/shinsaibashi

titty & CO

想要照著日系雜誌的衣服做搭配嗎？來一趟 titty & CO 準沒錯。運用粉色系和蕾絲的互相搭配，讓 titty & CO 洋溢著時下最 IN 的春天少女氣息，架上也擺著雜誌推薦款服飾以提供客人選擇和搭配，是一家頗受年輕顧客喜愛的服飾店。

titty & CO

Data

titty & CO
◎ 地址：大阪府大阪市中央區心齋橋筋 1-7-1 大丸心齋
　　　　橋店 B2
◎ 網址：tittyandco.net

BEAUTY & YOUTH

BEAUTY & YOUTH

BEAUTY & YOUTH 創造出擁有自我風格的美麗。BEAUTY & YOUTH 秉持，只要內心保持美麗，就能散發出年輕的光輝。店內大部分服飾走的是時尚輕熟風格，將服飾加入了質感的要求和顏色的搭配，創造出專屬於 BEAUTY & YOUTH 的時尚味道。

snidel

　　清新設計混合著可愛剪裁，snidel 的風格吸引甜美女孩們的目光。小碎花無袖上衣搭配春天新色的牛仔褲，自然的無造作魔法，哪個女孩抗拒得了 snidel 的變身魅力呢？

snidel

甜美風格的搭配

款式多樣

La Porte

　　La Porte 位於心齋橋筋商店街口，裝飾在大樓側邊的整面 LED 燈，在晚上顯得更為耀眼。整棟大樓採取複合式經營，除了有時尚品牌 ZARA 之外，還有許多美味可口的精緻餐廳，逛街逛累的時候，不妨來一趟 La Porte，在好吃的料理中回復一下精神。

夜晚的 La Porte

UNIQLO

於台灣引起風潮的 UNIQLO，在心齋橋筋商店街內也有獨棟的大型店鋪。除了基本的女裝、男裝、童裝、配件之外，根據不同的活動，有時候可以買到米奇、米妮的聯名合作 T 恤，或是在特別折扣季買到一件 990 日圓的牛仔褲。來心齋橋逛街時，也別忘了來一趟 UNIQLO，尋找台灣買不到的聯名限定款式吧！

Data

UNIQLO
◎ 地址：大阪府大阪市中央區心齋橋筋 1-2-17 B1-4 階
◎ 營業時間：11:00 ～ 21:00
◎ 網址：www.uniqlo.com/jp

人潮聚集的 UNIQLO

g.u.

g.u. 是以驚人價格吸引買氣的店家，是 UNIQLO 所推出的副品牌。店內分為女性、男性和小孩等不同樓層，將服飾歸類得更為仔細，方便不同需求的顧客選擇。店內因為節日促銷價還會推出 290 日圓的汗衫和 490 日圓的綿 T，這麼優惠的價格，難怪在競爭激烈的心齋橋筋商店街硬是殺出一條血路。

價格實惠的 g.u.

Data

g.u.
◎ 地址：大阪府大阪市中央區心齋橋筋 2-1-17
◎ 電話：06-6484-3304
◎ 營業時間：11:00 ～ 21:00
◎ 網址：www.gu-japan.com

Sanrio Gallery

喜歡 Hello Kitty 的人，千萬不能錯過這家 Hello Kitty 專賣店。在心齋橋筋商店街上十分顯眼，有著夢幻的招牌和一目了然的粉色系裝潢；店內放眼望去全都是 Hello Kitty 商品，除了最基本的 Hello Kitty 手機吊飾，舉凡想得到的文具、包包、娃娃、衣服和生活用品，應有盡有。除此之外，商家為了招攬遊客，不定期在店內舉辦抽獎活動，Hello Kitty 迷們來到心齋橋怎麼可以錯過這麼夢幻的 Sanrio Gallery 呢？

Sanrio Gallery

Data

Sanrio Gallery
◎ 地址：大阪府大阪市中央區心齋橋筋 1-5-21
◎ 營業時間：11:00 ～ 20:30
◎ 網址：www.sanrio.co.jp

natural couture

喜歡可愛又帶有一點俏皮色彩的衣服，那就要來 natural couture 逛逛；店內衣服的風格混合了 LOWRYS FARM 的日式剪裁和 rchives 的活潑俏麗，想要嘗試日系風格的人，可以來店內試著搭配屬於自己的日式 style。

Data

natural couture
◎ 地址：大阪府大阪市中央區心齋橋筋 2-2-22 小大丸ビル 1 F
◎ 營業時間：11:00 ～ 21:00
◎ 網址：www.niceclaup.co.jp

natural couture

CASUALSHOPGAL

CASUALSHOPGAL

　　位於心齋橋筋商店街上的 CASUALSHOPGAL，是一家以合理價格回饋給客戶的流行服飾店。店內除了有雜誌款系列的服裝搭配之外，在假日會不定期推出限量 990 日圓的便宜破盤價格商品，兼具流行和划算的價格，讓 CASUALSHOPGAL 每到假日總是擠滿了人潮。

限定優惠價格

Data

CASUALSHOPGAL
◎ 地址：大阪府大阪市中央區心齋橋筋 1-3-15
◎ 電話：06-4963-6006

Athens

　　Athens 是一棟有 5 層樓高的書店。從 1F 雜誌販售區開始，到文學、建築、電腦應用、財經等各式書籍，種類十分齊全。最為特別的是，Athens 的 5F 為展示空間，依據展期不同，可以欣賞到不同藝術家或攝影家的作品，不用門票的開放空間，讓一般民眾可以用輕鬆的心情欣賞藝術作品。

Data

Athens
◎ 地址：大阪府大阪市中央區心齋橋筋 1-6-10
◎ 營業時間：10:00 ～ 22:00
◎ 網址：www.athens.co.jp

Athens

WOMB

　　店鋪在地下 1 樓的 WOMB 走的是美式休閒風格，階梯旁擺放了促銷價格的 T 恤和配件，走進 WOMB B1 的店內，空間和許多商店街的店鋪比起來算是寬敞許多，帥哥店員不停忙進忙出地招攬客人，是一家給人活力印象的服飾店。

Data

WOMB
◎ 地址：大阪府大阪市中央區心齋橋筋 2-6-2 心齋橋モリシゲビル B1
◎ 電話：06-0612-3411
◎ 營業時間：11:00 ～ 21:00
◎ 網址：www.womb-womb.jp

マツモトキヨシ

　　來到大阪，藥妝店是不能錯過的血拼行程之一。日本最新的化妝品、眼藥水、各類藥物，在藥妝店都可以找到。經濟實惠的百元零食區，特定的商品價格硬是比超商便宜快 2、3 成左右；在台灣販賣日式零食專賣店，常見的雙口味下午茶餅乾，通常一件約賣台幣 69 ～ 79 元，如果碰到藥妝店出清時，竟然可以用 69 日圓直接購買到兩件，簡直就是半價外加買一送一的驚爆流血價。

　　另外，想要知道自己膚質狀況的女生，可以直接在店內做膚質檢測，也可以在購買化妝品之前，先詢問店內的諮詢師，再購買適合自己的商品，這些都是藥妝店所提供的貼心服務。

藥妝店マツモトキヨシ

Data

マツモトキヨシ
◎ 地址：大阪府大阪市中央區心齋橋筋 2-5-5
◎ 營業時間：10:00 ～ 21:30
◎ 網址：www.matsukiyo.co.jp

PARK

想要尋找原汁原味日系雜誌款的服飾，在 PARK 店內應該能滿足需求；一進到 PARK 店內，迎面的銷售小姐便元氣十足喊起了口號，不論是今夏最流行的碎花洋裝、刷白短褲，還是荷葉邊襯衫，PARK 一應俱全，展示櫃中的飾品，不論是項鍊、戒指，還是腰帶，都是流行穿搭中不能缺席的配件，有空來一趟 PARK 尋找流行靈感吧！

PARK

Data

PARK
◎ 地址：大阪府大阪市中央區心齋橋筋 1-5-19
◎ 營業時間：11:00 ～ 20:30
◎ 網址：ameblo.jp/park-by-ow-shinsaibashi

Mom's cafe

對綁著兩條可愛辮子和露出招牌笑容的 peko，相信大家一定不陌生，而位於心齋橋筋商店街上的 Mom's cafe 正是不二家專屬的麵包蛋糕店。只要靠近 Mom's cafe 的 50 公尺內，就可以聞到甜甜的幸福麵包香。如果想要帶可愛的伴手禮回去給台灣的朋友，在 Mom's cafe 內提供多款不二家專屬的商品，來一趟這裡就可以買到獨一無二的伴手禮。

Data

Mom's cafe
◎ 地址：大阪府大阪市中央區心齋橋筋 2-2-23
◎ 營業時間：11:00 ～ 22:00
◎ 網址：www.fujiya-peko.co.jp

Mom's cafe

人氣造型蛋糕

今日推薦麵包

カステラ銀裝

　　想買好吃的蜂蜜蛋糕回去當伴手禮，選擇カステラ銀裝準沒錯。蜂蜜蛋糕的口感吃起來綿密又香甜，不添加任何防腐劑，正是該店引以為傲的自信。為了讓顧客吃得安心，現場還設置了透明櫥窗，讓所有人都能看見蜂蜜蛋糕的製作過程。根據時節的不同，還會推出特別季節的限定商品供顧客選購。

カステラ銀裝

Data

```
カステラ銀裝
◎ 地址：大阪府大阪市中央區心齋橋筋 1-4-24
◎ 營業時間：09:00 ～ 17:00
◎ 網址：www.ginso.co.jp
```

Crêpe Ojisan

　　Crêpe Ojisan 是一家超人氣的可麗餅店。只要一到假日，在店門口前一定會看到長長的排隊人潮；和台灣餅乾式的餅皮不同，Crêpe Ojisan 的可麗餅餅皮口感柔軟而溼潤，搭配上三十多種不同的口味，讓人無法拒絕，怎麼可以不來品嘗一下呢？

Data

```
Crêpe Ojisan
◎ 地址：大阪府大阪市中央區心齋橋筋 2-2-19
◎ 營業時間：10:00 ～ 22:00
◎ 網址：www.crepeojisan.com
```

香甜可口的可麗餅

Crêpe Ojisan

選擇多樣的 Crêpe Ojisan

美味的蛋包飯和炸串

明治軒

明治軒

明治軒是一家百年傳承的西餐廳,早在昭和元年期間就已經開始營業。主要提供早期各式西餐料理,店內的擺設也帶有復古西洋風味。主打的明星商品是帶有濃濃古早味的蛋包飯,吸引不少慕名而來的遊客,不管是平日,還是假日,店內都保持著絡繹不絕的用餐人潮。

Data

明治軒
◎ 地址:大阪府大阪市中央區心齋橋筋 1-5-32
◎ 營業時間:11:00 ~ 22:00(平日 15:50 ~ 17:00 休息)

松屋

到了錢包消瘦的月底又想大口吃肉的人,來松屋走一趟吧!這裡以便宜又大分量著名,在促銷期間,竟然只需要花上 250 日圓,就可以在店內享用一碗美味的牛丼飯,這麼優惠的價格,在心齋橋筋商店街上松屋可以很有自信的大喊:「有誰比我便宜嗎?」

Data

松屋
◎ 地址:大阪府大阪市中央區心齋橋筋 1-10-1 心齋橋タワービル 1F
◎ 營業時間:24 小時
◎ 網址:www.matsuyafoods.co.jp

食券方式點餐

美味又便宜的牛丼飯

價格親民的松屋

本福壽司

本福壽司創立於江戶末期文政 12 年的時候,現在的裝潢還是可以看到傳統的影子,是一家極具風味的壽司店。本

福壽司主打關西壽司，包括著名的箱壽司和鯖魚壽司，可以內用，也可以外帶，店內亦提供伴手禮等商品，想品嘗道地的關西壽司不妨參考一下。

Data

本福壽司
◎ 地址：大阪府大阪市中央區心齋橋筋 1-4-19
◎ 營業時間：11:00 ～ 20:30
◎ 公休日：周三
◎ 網址：www.hon-fuku.co.jp

本福壽司

神座拉麵

座落在拉麵一級戰區的神座拉麵，清甜的湯頭和大量的蔬菜，受到許多女性顧客的喜愛。神座採用餐券取餐方式，在店外就設有餐券販售機，讓日文不太熟練的客人，也能輕鬆選擇自己喜愛的口味，享用美味的拉麵。

Data

神座拉麵
◎ 地址：大阪府大阪市中央區心齋橋筋 2-8-26
◎ 營業時間：10:00 ～ 07:00（隔日）
◎ 網址：www.kamukura.co.jp

神座拉麵

はなまるうどん

在全國擁有眾多分店的はなまるうどん，靠著平價和美味擁有許多忠實的粉絲。店內明星商品烏龍麵，麵條 Q 彈滑順、容易入口，還可以自行選購副食揚物（炸物）或御飯團一起搭配食用。店內亦設置了調味料和炸渣擺放區，讓客人可以依據個人口味不同而自行調配，是一家可以輕鬆享受美味的平價烏龍麵店。

はなまるうどん

Data

はなまるうどん
◎ 地址：大阪府大阪市中央區心齋橋筋 2-8-7
◎ 營業時間：11:00 ～ 22:30
◎ 網址：www.hanamaruudon.com

Q 彈嚼勁的烏龍麵

寬敞的用餐空間

道頓堀

　　道頓堀和心齋橋中間只隔著「戎橋」相鄰，從心齋橋方向走過「戎橋」之後，就是美食的一級戰區道頓堀。道頓堀內隱藏了許多有名的店家，交錯的巷弄內可以發現許多讓老饕讚不絕口的佳餚。不管是章魚燒、大阪燒、河豚、串燒、螃蟹，只要你想得到的大阪美食，在道頓堀幾乎都找得到，也是因為這個緣故，讓許多觀光客多次造訪此地，就為了這一道道讓人口水直流的美味。想要了解大阪的美食，先來道頓堀走走吧！

美食的一級戰區道頓堀

道頓堀極樂商店街

かに道樂

　　在道頓堀最有名氣的招牌，除了固力果之外，就是か

かに道樂

に道樂的大螃蟹。鮮紅色大螃蟹就掛在かに道樂本店上，遠遠地就可以看到讓人印象深刻的招牌。かに道樂用店家自豪的新鮮螃蟹做成各式佳餚，服務親切、菜色豐富。如果擔心單點價格偏高，可以選擇中午時段所推出的經濟套餐，鮮甜美味的螃蟹用划算的價格就能品嘗到。

Data

かに道樂
◎ 地址：大阪府大阪市中央區道頓堀 1-6-18
◎ 營業時間：11:00 ～ 23:00
◎ 網址：douraku.co.jp/kansai

清甜的蟹腳

蟹肉茶碗蒸

赤鬼

　　赤鬼的章魚燒，滑嫩的麵皮搭配著有嚼勁的章魚，好吃的程度讓人忍不住一口接著一口。在赤鬼的菜單中，有一樣ちゃぶちゃぶ，是將章魚燒泡在店家特製的高湯中，讓原本章魚燒酥脆的口感轉為滑嫩，而清淡的高湯也中和掉些微油膩感，兩者互相搭配創造了全新的味覺享受，是很值得一試的單品。

Data

赤鬼
◎ 地址：大阪府大阪市中央區道頓堀 1-6-9
◎ 營業時間：10:00 ～ 22:00

赤鬼

本家大たこ

就像它的店名一樣，本家大たこ的章魚燒，每一顆都內含超大塊的章魚，酥脆的外皮與柔軟的內餡，再搭配上彈牙的大塊章魚。每到營業時間，小小的攤子前面總是大排長龍，可見其好吃的程度。

Data

本家大たこ
◎ 地址：大阪府大阪市中央區道頓堀 1-5-10
◎ 營業時間：10:00 ～ 23:00

不間斷的排隊人潮

本家大たこ

內含彈牙的章魚

くくる

招牌上放了一隻生龍活虎的章魚，以及一進門馬上就能聞到的章魚燒香氣，就是くくる的獨特魅力。這裡所賣的章魚燒，酥脆的外皮和柔軟的內餡簡直就是絕妙的搭配，一口吞下後，那香氣充足的飽滿內餡又會讓人張大嘴直喊燙。而くくる的明石燒，軟嫩的口感搭配著鰹魚高湯一起入口，清淡而又令人回味無窮。喜歡重口味的朋友，特別推薦濃厚起士章魚燒，超濃郁的起士混合著麵皮香氣，搭配 Q 彈爽口的章魚，雙重震撼的口感讓人無法停下筷子。

くくる

Data

くくる
◎ 地址：大阪府大阪市中央區道頓堀 1-10-5白亞ビル 1 階
◎ 營業時間：周一至五 12:00 ～ 23:00，周六 11:00 ～ 23:00，
　　　　　　周日和例假日 11:00 ～ 22:00
◎ 網址：www.shirohato.com/kukuru/doutonbori.html

濃厚起士章魚燒

美味的明石燒

開放式的廚房

薩摩つ子

　　喜歡重口味湯頭的人，千萬不能錯過薩摩つ子這家拉麵店。以豚骨湯頭為主，每一口都可以品嘗到濃郁的蒜味，搭配上帶有油脂的叉燒肉，吸一口滑順的麵條，那混合著香氣的美味享受，不論是味覺，還是嗅覺，都被大大滿足。

濃郁的叉燒拉麵

Data

薩摩つ子
◎ 地址：大阪府大阪市中央區道頓堀 1-8-26
◎ 營業時間：11:00 ～ 04:00

薩摩つ子的店內裝潢

薩摩つ子

金龍拉麵

　　金龍拉麵是柴貓來大阪吃到的第一道食物。讓我印象深刻的是，第一次看到所有人都站著享用拉麵，不少旅客也是因為「立食」這個緣故，而前來金龍拉麵體驗一番。金龍拉麵只提供兩種口味，分別是一般拉麵和叉燒拉麵，雖然菜色選擇和其他拉麵店比起來相對較少，但是桌上擺放了店家特別準備的辣韭菜、泡菜和蒜蓉，讓客人可以依照自己的口味隨意添加。

顯眼的招牌

Data

```
金龍拉麵
◎ 地址：大阪府大阪市中央區道頓堀 1-7-26
◎ 營業時間：24 小時
```

金龍拉麵

隨意添加的佐料

叉燒拉麵

いちびり庵

いちびり庵

　　想買伴手禮又懶得一家家尋找嗎？來一趟いちびり庵就可以幫你解決這個問題。店裡陳列了大阪各式伴手禮，不論是 Hello Kitty 的手機吊飾、章魚燒口味餅乾、固力果系列商品或辣味汽水，在いちびり庵都可以找到。來一趟いちびり庵，就可以讓你把大阪的特色禮物一口氣全買到手。

Data

```
いちびり庵
◎ 地址：大阪府大阪市中央區難波 1-7-2
◎ 營業時間：10:30 ～ 21:00
◎ 網址：www.ichibirian.net
```

ドン・キホーテ

　　ドン・キホーテ是一家建築外觀十分逗趣可愛，沿著道頓堀川直走就可以找到的超激安購物天堂。ドン・キホーテ祭出比市價便宜的價格來吸引消費者，是一家什麼都賣的雜貨商城，舉凡衣服、鞋子、食物、生活用品到各式逗趣小物，都可以在ドン・キホーテ找到，對於預算有限的人來說，是一家不能錯過的好康店鋪。

種類齊全的商品

Data

ドン・キホーテ
◎ 地址：大阪府大阪市中央區宗右衛門町 7-13
◎ 營業時間：24 小時
◎ 網址：www.donki.com

吸引人的划算價格

顯眼的ドン・キホーテ

法善寺

　　從道頓堀朝南走約 70 公尺，法善寺就隱身於此。法善寺是歷史悠久的參拜鼎旺之地，而狹窄的巷弄裡也隱藏了許多美食。不論是甜到心坎裡的紅豆湯，還是美味炸串，或是讓人無法忘懷的拉麵，都在法善寺橫丁和法善寺參道等待你的光臨。

法善寺

　　法善寺在道頓堀已經有悠久的歷史，許多香客在參拜「不動明王」時，都會將水瓢內的水淋在神像上以表尊敬，經過長時間的累積，神像上長滿青苔，也形成另一番獨特的景象，從這裡也可以看出，法善寺擁有眾多信徒和香火鼎盛的情況。

巷弄中的人氣店家

Data

法善寺
◎ 地址：大阪府大阪市中央區難波 1-2-16
◎ 網址：houzenji.jp

だるま炸串

法善寺橫丁

上方浮世繪館

　　浮世繪在江戶時期開始興起，是日本獨特繪畫風格的一種。這種繪畫傳到近畿一帶，取材和繪圖方向漸漸發展成獨特的風格。為了區別這兩者不同的畫風，在近畿一帶的浮世繪就於稱呼前加了「上方」二字，通稱為「上方浮世繪」。

在上方浮世繪館中，除了可以看到專屬於日本獨特的繪畫風格之外，館內依據時間的不同，也會不定期推出其他歷史古物的展覽。如果逛累的話，還可以在樓上的和式休息區放鬆一下，桌上擺放了幾本旅客留言本，不僅可以寫下當時旅遊的心情，還可以在留言本中發現許多台灣遊客的留言，非常有意思。

Data

上方浮世繪館
◎ 地址：大阪府大阪市中央區難波 1-6-4
◎ 營業時間：11:00 ～ 18:00
◎ 休館日：周一休館
◎ 門票：大人 500 日圓、小孩 300 日圓
◎ 網址：www.kamigata.jp

可愛的貓咪繪圖

找館內人員請搖鈴

上方浮世繪館

夫婦善哉

夫婦善哉位在法善寺旁，是一家十分知名的紅豆湯店。這裡的紅豆湯，不管是用料，還是做法，都十分講究。紅豆湯的紅豆採用日本嚴選的國產紅豆熬煮而成，品嘗起來軟嫩飽滿，搭配上湯內麻糬Q彈的嚼勁，讓愛吃甜湯的人充分享受到濃郁的香甜。店內還有提供禮盒，讓喜愛這種甜蜜味道的你，可以多帶幾份回去和台灣的親友一起品嘗。

夫婦善哉

Data

夫婦善哉
◎ 地址：大阪府大阪市中央區難波 1-2-10
◎ 營業時間：10:00 ～ 22:00
◎ 網址：www.sato-restaurant-systems.co.jp/zen_shop

各式伴手禮

難波

　　從道頓堀的方向往南走，就是交通匯流的大本營難波了。不管是要搭往關西機場，還是要轉乘 JR 或阪神電鐵前往神戶，都可以利用難波站作為轉車的中間站；也是因為交通非常便利的緣故，不論是平日，或是假日，通勤的人潮從不間斷。許多大型百貨公司也都圍繞著難波站設立，加上緊鄰著血拼天堂心齋橋筋商店街，逛街的人更是絡繹不絕。將交通便利性發展得極為出色的難波，在大阪是很熱鬧繁華的區域。

難波 PARKS

　　直通南海電鐵「難波」站中央出口的難波 PARKS，讓從機場剛抵達難波的乘客，一出站就可以感受到逛街購物的活力。如果對難波車站還不太熟的人，建議先將行李安置在旅館之後，再來難波 PARKS 探險；因為錯綜複雜的路線和一排排相鄰的商家，很容易就在走馬看花中迷失了方向，提著行李到處尋找出口可是一件很費力的事情，以輕鬆的裝扮逛街才能享受最大的血拼樂趣！

可愛的花卉

Aoyama Flower Market

Data

難波 PARKS
◎ 地址：大阪府大阪市浪速區難波中 2-10-70
◎ 營業時間：ショッピング街 11:00 ～ 21:00，レストラン街 11:00 ～ 23:00
◎ 網址：www.nambaparks.com/index2.html

為節日所推出的盆栽

難波 PARKS

NOLLEY'S

清新搭配和質感加乘，是 NOLLEY'S 提供給客戶最好的選擇。位在難波 PARKS 顯眼的位置，讓通勤的 OL 在下班之後，能以輕鬆的心情進入 NOLLEY'S 選購最新的行頭配備。

Data

> NOLLEY'S
> ◎ 地址：大阪府大阪市浪速區難波中 2-10-70 なんばパークス
> ◎ 營業時間：11:00 ～ 21:00
> ◎ 網址：www.nolleys.co.jp

NOLLEY'S

KNOCK OUT EASE

結合了美式的率性和日系的甜美，KNOCK OUT EASE 自然不做作的搭配，很適合戶外陽光的 tone 性。店內還推出許多造型可愛的配件和手工質感的提包，也是店家自慢的商品。

休閒風格的搭配

KNOCK OUT EASE

Data

> KNOCK OUT EASE
> ◎ 地址：大阪府大阪市浪速區難波中 2-10-70 なんばパークス 3F
> ◎ 營業時間：11:00 ～ 21:00
> ◎ 網址：micsmile.exblog.jp/17993586

Desigual

大膽運用各式鮮豔的顏色，以及做工細緻的刺繡花紋，是 Desigual 的流行特色；洋裝上使用了花朵圖案的布料，包包上也刺上大片色彩豔麗的繡紋，風格強烈的吸睛指數達到百分百。

設計感十足的服飾

Data

Desigual
◎ 地址：大阪府大阪市浪速區難波中 2-10-70 なんばパークス 4F
◎ 營業時間：11:00 ～ 21:00
◎ 網址：www.desigual.com/en_JP

Desigual

WAREHOUSE

WAREHOUSE 有著濃濃的美式風格，從帶有褐色裝潢的木質地板開始，到角落充滿美國西部風的擺飾，和周遭擺設精緻的店面相比，顯得十分特別。WEAREHOUSE 率性的搭配，吸引了許多男性的顧客，不管是格子襯衫，或是 LOGO 綿 T，只需要再搭配上店家推薦的牛仔褲，帥氣造型便可輕鬆完成。

美式風格的搭配

Data

WAREHOUSE
◎ 地址：大阪府大阪市浪速區難波中 2-10-70 なんばパークス 4F
◎ 營業時間：11:00 ～ 21:00
◎ 網址：www.ware-house.co.jp

WAREHOUSE

Namba Hips

只要看到 Namba Hips，很難不被它的建築外觀給吸引。少見的中央鏤空造型讓大樓外觀遠看像是沙漏狀般，特殊的設計讓 Namba Hips 吸引了逛街人潮的目光。Namba Hips 是一家結合遊戲機、柏青哥、瑜伽教室、室內高爾夫、餐廳等的綜合型大廈，提供休閒和享用美食的複合型娛樂方式。

Data

Namba Hips
◎ 地址：大阪府大阪市中央區難波 1-8-16
◎ 營業時間：10:00 ～凌晨 01:00（各店營業時間有所差異）
◎ 網址：www.namba-hips.com

Namba Hips　　　　　　　　複合型綜合大樓

０１０１ NAMBA MARUI

　　ｏｌｏｌ NAMBA MARUI 網羅了女性們喜愛的眾多服飾品牌，不管是帶有清新可愛的路線，還是添加成熟氣質的 OL 風格，在 ｏｌｏｌ NAMBA MARUI 都可以找的到適合你的 style；而明亮寬敞的逛街空間，是另一個 ｏｌｏｌ NAMBA MARUI 受到女性顧客歡迎的原因。

ｏｌｏｌ NAMBA MARUI

Data

> ｏｌｏｌ NAMBA MARUI
> ◎ 地址：大阪府大阪市中央區難波 3-8-9
> ◎ 營業時間：11:00 ～ 20:30
> ◎ 網址：www.0101.co.jp/index.html

BIC CAMERA

　　逛膩了只有衣服的百貨公司嗎？那就來一趟 BIC CAMERA 吧！在 BIC CAMERA 內從 2 ～ 6F 的樓層，主要販賣各式電器用品和家電，讓想選購生活家電的人，一次就可以在 BIC CAMERA 買齊自己需要的商品。8F 還有百元商店 Can．do，從零食到生活用品統統均一價，只需要一個百元銅板（含稅 105 日圓）就可以搞定。對於剛來到大阪的遊學

各樓層簡介

BIC CAMERA

生，建議可以先到 Can．do 將缺少的生活用品一
次買齊，既省錢、又方便。

十分便利的 BIC CAMERA

Data

BIC CAMERA
◎ 地址：大阪府大阪市中央區千日前 2-10-1
◎ 營業時間：10:00 ～ 21:00
◎ 網址：www.biccamera.com

自由軒

　　自由軒是一家老字號的咖哩飯餐廳。店內裝潢走的是
復古擺設，菜單則以咖哩飯系列和西式簡餐為主。特別的
是，這裡的招牌名物カレー，是將咖哩醬和飯粒直接
混合攪拌，最後在飯上打上生雞蛋；上桌後只需
要將生雞蛋和咖哩飯用湯匙攪拌後，就可以直
接送入口中，蛋汁的溼潤口感將沾裹咖哩醬汁
的飯粒襯托得更為滑潤，想要嘗試全新口感的
咖哩飯，可以來自由軒試試看。

招牌名物カレー

Data

自由軒
◎ 地址：大阪府大阪市中央區難波 3-1-34
◎ 營業時間：11:20 ～ 21:20
◎ 公休日：周一
◎ 網址：www.jiyuken.co.jp

自由軒

懷舊氛圍的店內擺設

北極

北極

早在昭和 20 年即開業，現在已經有 60 年歷史的北極，是一家歷史悠久的冰店，店內販售許多深受大、小朋友喜愛的口味，像是紅豆、牛奶、可可等招牌冰品。其中牛奶口味是店內的人氣商品，奶香十足，吃起來又帶有清爽的口感，在炎熱夏天是很推薦的一道冰品。

Data

北極
◎ 地址：大阪府大阪市中央區難波 3-8-22
◎ 營業時間：10:00 ～ 22:00
◎ 網址：www.hokkyoku.jp

551 HORAI

551 HORAI

說到 551 HORAI，喜歡吃肉包的饕客們要注意了！要吃到鮮嫩多汁的內餡和 Q 彈有嚼勁的外皮，一定不可以錯過 551 HORAI 的招牌肉包。雖然價錢部分和台灣的肉包比起來稍微高了一點，但人氣美味的肉包還是十分值得一試！551 HORAI 擁有許多分店，不管是阪神、阪急百貨美食區，還是 JR 新大阪，只要人潮多的地方幾乎都可以看到它的蹤跡。下次逛街時看到紅色的字體寫著「551 HORAI」，別忘了買一個熱騰騰的肉包，犒賞一下自己的五臟廟呀！

鮮嫩多汁的肉包

Data

551 HORAI
◎ 地址：大阪府大阪市中央區難波 3-6-3
◎ 營業時間：10:00 ～ 22:00
◎ 網址：www.551horai.co.jp

口感紮實的燒賣

新大阪駅的分店

擁有多家分店的 551 HORAI

平民美食 551 HORAI

美國村

位於心齋橋和崛江之間，帶有濃濃美式色彩的區域就是美國村。只要一進入美國村的範圍，馬上可以感覺到那充滿活力的氣氛，像是高樓上有許多大型的塗鴉，或是充滿美式風格的櫥窗。只和心齋橋相鄰一條街道的美國村，那帶有奔放的年輕元素展現在面前，常會讓人有錯覺像是來到另一個城市。想要找到美國村其實很簡單，只要先走到 OPA 大樓再從旁邊的巷子轉入即可。

充滿年輕活力的塗鴉

美國村街景

OPA

OPA 是時下年輕人很喜歡的一家百貨公司。店內販售的衣服就像是日系雜誌的實品展示款，想要找到最流行的搭配或最入時的衣服，在 OPA 裡都可以滿足需求，雖然價格比在心齋橋筋商店街中的服飾價位再高一些，但是精緻度和時尚感也多加了一成。

Data

OPA
◎ 地址：心齋橋オーパ——大阪府大阪市中央區西心齋橋 1-4-3
　　　　オーパきれい館——大阪府大阪市中央區西心齋橋 1-9-2
◎ 營業時間：11:00 ～ 21:00
◎ 網址：www.opa-club.com/shinsaibashi

MANDARAKE

喜歡日系漫畫的人，一定要來 MANDARAKE 朝聖一下。外觀顯眼的紅色建築，讓人很容易就發現它的存在。MANDARAKE 主要販賣各式日系漫畫和周邊商品，兩旁堆滿了漫迷夢想中的公仔，全店高約 4 層樓，漫畫書總類齊全，仔細尋找說不定還能發現絕版漫畫，對標準漫迷們來說，MANDARAKE 就像是大型寶庫一樣。

MANDARAKE

Data

MANDARAKE
◎ 地址：大阪府大阪市中央區西心齋橋 2-9-22
◎ 營業時間：12:00 ～ 20:00
◎ 網址：www.mandarake.co.jp

MANDARAKE 可愛的立牌

漫迷們喜愛的 MANDARAKE

可愛的商品

三日月百子

遠遠就可以看見粉色系為主的裝潢，和超多可愛雜貨陳列在三日月百子的店內。俏皮的圓點、草莓、花朵等圖案，就印在各式各樣的生活用品上，讓正值花樣年華的少女們，巴不得一次將所有商品統統搬回家。如同店名一樣，

三日月百子

店內人氣玩偶

三日月百子是一家全店 300 日圓均一價的商店，讓女孩們用少少的預算，就能選購自己喜愛的商品帶回家。

Data

三日月百子
◎ 地址：大阪府大阪市中央區西心齋橋 1-7-3 大丸北炭屋町ビル 1F
◎ 營業時間：11:00 ～ 20:00
◎ 網址：www.momoko300.com

北極星

你知道最初的蛋包飯在哪裡誕生嗎？答案就位於美國村內的北極星。一說到蛋包飯，許多人第一印象大概是充滿西式風味的家庭餐廳；但是位於美國村內的北極星，卻是以傳統日式裝潢搭配塌塌米座位，一旁還有充滿綠意的日式庭院。雖然北極星在梅田、難波等地都有分店，但如果米到美國村，還是可以尋找一下蛋包飯的始祖本店，一邊吃著讓人懷念的口味、一邊欣賞傳統的日式庭院，感受懷舊的美味。

Data

北極星
◎ 地址：大阪府大阪市中央區西心齋橋 2-7-27
◎ 營業時間：11:30 ～ 21:30
◎ 網址：www.hokkyokusei.jp

甲賀流

味道濃郁的章魚燒

位於三角公園旁的甲賀流,是美國村很有名氣的章魚燒店。不同於一般章魚燒店將麵糊製作成大顆的外觀,甲賀流講求章魚燒的外型為一口形狀的大小,讓客人一次就能完整品嘗到麵糊和章魚塊融合在口中的絕妙滋味,搭配上店家特製的濃郁醬汁和大量的美乃滋,濃郁又不膩口的風味,讓人一吃就停不下來。

Data

甲賀流
◎ 地址:大阪府大阪市中央區心齋橋 2-18-4
◎ 營業時間:平日 11:00 ～ 20:00,假日 11:00 ～ 22:00
◎ 網址:www.kougaryu.jp

甲賀流

南船場

和心齋橋筋商店街連接成一直線的，就是擁有自己獨特步調的南船場。走在南船場的路上，可以發現許多帶有獨特風格的店家，和心齋橋充滿活力的熱鬧不同，南船場在寧靜中帶有自己的步調，許多設計感十足的店家就隱藏其中。想要確切找到南船場其實很簡單，只要看到色彩鮮豔的 Organic Building，就等於抵達南船場的範圍了。Organic Building 是 1993 年義大利建築師 Geatano Pesse 以日本環境綠化為主題，所設計出十分搶眼的有機建築。來到南船場，一定要親眼看看火紅的 Organic Building，感受一下南船場所散發出的獨特風格。

南船場街景

BRADELIS NY

個性商店林立

EURO CASA

TOKYU HANDS

位在南船場的 TOKYU HANDS 總共有 9 樓，販賣的商品種類從生活用品到玩具零食，應有盡有。在 TOKYU HANDS 的 2F 可以找到時下最具話題性的食材，或是在 3F 找到深受婆婆媽媽喜愛的廚房小幫手，總共 9 層樓的大範圍，如此多樣性讓人一次就可以輕鬆買齊所需要的商品。

Data

TOKYU HANDS
◎ 地址：大阪府大阪市中央區南船場 3-4-12
◎ 營業時間：10:30 ～ 20:30
◎ 網址：www.tokyu-hands.co.jp

TOKYU HANDS

大阪農林會館

可愛的塗鴉

大阪農林會館

　　看到大阪農林會館的外觀，一定無法想像室內竟然隱藏這麼多個性化商店。大阪農林會館於昭和5年建構而成，和復古的外觀不同的是，會館裡設立了許多各具特色的商店，除了書店、服飾店、生活雜貨店之外，還有美容院、藝廊等商家穿插其中。早期的建築外觀和一間間現代化的個性小鋪，新舊交替的衝突感，讓第一次探訪大阪農林會館的人，會有時空錯亂的有趣印象。

Data

大阪農林會館
◎ 地址：大阪府大阪市中央區南船場 3-2-6
◎ 營業時間：依各商店而有所不同

具設計感的商家招牌

saro

foo

foo

　　位在大阪農林會館3樓的foo，是一家手工藝品的材料專賣店，店內擺滿各式鈕扣、緞帶、編織小物。雖然說是材料店，但是每一樣材料的精細程度卻很高，讓喜愛親手製作手工藝品的人，可以在這邊找到不少主角級的單品。

Data

foo
◎ 地址：大阪府大阪市中央區南船場 3-2-6 大阪農林會館 3F-306
◎ 營業時間：12:00 ～ 19:00（周三公休）
◎ 網址：www.hello-foo.com

FERIA

　　梅田和茶屋町都有開設分店的 FERIA，在農林會館的 3F 也有駐點，以「ALL WOMEN BEAUTIFUL」為出發點，FERIA 提供了各式髮型沙龍服務、頭髮 SPA 和指甲彩繪。在古色古香的農林會館中，體驗一次髮型大改造，會是很棒的經驗。

FERIA 帶有巧思的訊息欄

Data

FERIA
◎ 地址：大阪府大阪市中央區南船場 3-2-6 大阪農林會館 3F-300
◎ 電話：06-6155-5952
◎ 營業時間：平日 11:00 ～ 22:00，假日 11:00 ～ 21:00
◎ 網址：feria-hair.com

FERIA

ABC-MART

　　喜歡運動品牌的人，千萬不要錯過這一家。ABC-MART 專門販售年輕族群喜愛的運動品牌鞋類，舉凡 CONVERSE、NIKE、ADIDAS、PUMA 等知名運動品牌，在這邊都可以找到。依據不同時期的促銷，運氣好的時候，還可以用出清價買到自己喜歡的球鞋款式。

Data

ABC-MART
◎ 地址：大阪府大阪市中央區南船場 3-7-17
◎ 營業時間：11:00 ～ 21:00
◎ 網址：www.abc-mart.com

ABC-MART

Aranzi Aronzo

在台灣擁有廣大 fans 的壞東西,在南船場也有專門店。Aranzi Aronzo 店內備有許許多多壞東西和它朋友的周邊商品,占地 2 層樓的 Aranzi Aronzo,商品種類一應俱全,而且每樣都可愛到不行,到這裡記得要把錢包看緊一點,不然一不留神,荷包便會失血喔!

Data

Aranzi Aronzo
◎ 地址:大阪府大阪市中央區南船場 4-13-4
◎ 營業時間:12:00 ～ 20:00
◎ 網址:www.aranziaronzo.com

Step

和主要販售各式運動品牌的 ABC-MART 類似,位於南船場的 Step 也提供大量鞋子款式讓消費者選擇,從店外擺放的許多特價鞋款就可以略知一二,各式知名運動鞋款式,還是 Nike,在 Step 都可以找到。依據每一期不同的促銷活動,有時也會碰到價格較高的氣墊鞋以優惠折扣出清回饋給消費者,想要撿便宜的人,可以定期追蹤網站第一手的訊息。

Step

Data

Step
◎ 地址：大阪府大阪市中央區南船場 3-12-6
◎ 營業時間：平日 11:00 ～ 21:00，假日和例假日 10:30 ～ 21:00
◎ 網址：step-japan.jp

arenot

店內擺滿了風格獨特的設計雜貨，除了可以看見北歐所推出的設計家具之外，許多讓人莞爾的設計雜貨也陳列在架上。店內商品融合了眾多設計師的品牌，像是 Cath Kidston、LISA LARSON、Danke 等，就像是設計共和國的 arenot，是一間獨具個性風格的生活雜貨鋪。

店內可愛雜貨

Data

arenot
◎ 地址：大阪府大阪市中央區南船場 3-11-5 1~3F
◎ 電話：06-6245-7756
◎ 營業時間：11:00 ～ 21:00
◎ 網址：www.arenot.com

活潑多樣的商品

arenot

販售各式設計雜貨

FINCA LA VIGIA

位在 arenot 旁的 FINCA LA VIGIA，是一家低調卻帶有溫暖氛圍的生活雜貨店，沒有誇張的招牌和大聲招攬客人的店員，有的只是安靜溫暖的氣氛。店內展示了許多精巧可愛的日系雜貨，有一個位在角落的展示區域，擺放了許多貓咪造型的商品，從耳環、項鍊到包包，都可以看到貓咪的身影，對於喜愛貓咪的人而言，FINCA LA VIGIA 就像是挖寶的天堂。

Data

FINCA LA VIGIA
◎ 地址：大阪府大阪市中央區南船場 3-11-2
◎ 電話：06-6241-5004

療癒系貓咪商品

FINCA LA VIGIA

TRANS-LANKHE

造型生活家具

在 TRANS-LANKHE 店內，可以看到最協調的衝突搭配，像是帶有幽默味道的設計雜貨擺放在高質感的家具用品上；或是剪影造型的貓咪地毯上堆放著核桃木的收納櫃，櫃子上方卻又疊放了三隻不同 size 的粉紅毛氈豬；整家店的風格顯得雅致沉穩卻又帶點俏皮的味道，是值得一逛的生活雜貨店。

TRANS-LANKHE

Data

TRANS-LANKHE
◎ 地址：大阪府大阪市中央區南船場 3-5-2
◎ 電話：06-6253-3301
◎ 網址：www.translankhe.com

富含趣味的設計雜貨

日本橋

　　日本橋最常被人提及的，除了有大阪廚房之稱的「黑門市場」之外，就是號稱關西秋葉原的「電器街」。在「黑門市場」內，可以看到許多新鮮海產以低於市場行情的流血價販賣；不僅海鮮新鮮便宜，「黑門市場」內也隱藏了許多老字號的和菓子店和年代悠久的醬菜店，想要好好了解大阪當地的口味，一定要來一趟「黑門市場」，親身體驗最道地的味覺饗宴。

　　「電器街」離黑門市場距離很近，沿著堺筋線的方向直走，過了上海新天地之後，就可以看到越來越多聚集在附近的電器用品店。除了時下最新的電子產品之外，想要找到日本最 IN 的動漫或模型公仔，「電器街」裡五花八門的店家肯定可以滿足需求。

活力的海鮮專賣店

老字號生鮮食品店家

黑門市場

黑門市場街景

黑門三都屋

位在黑門市場裡的三都屋,是一家販賣傳統日式口味的甜品店。店內的人氣商品栗子銅鑼燒,是將一整顆新鮮栗子包覆著爽口不甜膩的紅豆餡,那絕妙的滋味讓人直到最後一口都還意猶未盡。而季節限定的七色ねこ餅,分別為白餅、豆餅、黑糖餅、海老餅、栗餅、よもぎ餅、うる餅,不管哪一種口味都是店家用心推薦的好味道。店門外還有現做的黑わらび餅,甜而不膩口的美味和黃豆粉的香氣,最適合在夏日午後配上一杯抹茶享用。

Data

黑門三都屋
◎ 地址:大阪府大阪市中央區日本橋 1-22-21
◎ 營業時間:08:00 ～ 19:00
◎ 網址:www.mitoya-kuromon.com

黑門三都屋　　　　　　　　夏季限定商品

千成屋 黑門店

位在黑門市場內的千成屋,店內以自豪的優惠價格,將新鮮的魚貨、蔬果提供給顧客。除了生鮮食品之外,千成屋所供應的便當和熟食也是超划算的商品,像是 380 日圓的青菜蔬食便當,或是 580 日圓的和牛便當,都是料好實在的午餐首選。在店門口還有現場烹飪的熟食販售,美味的現做料理也是口碑的人氣商品。

Data

千成屋 黑門店
◎ 地址：大阪府大阪市中央區日本橋 1-21-6
◎ 電話：06-6631-6322
◎ 營業時間：09:00 ～ 24:00

各式新鮮蔬果　　　　　　　　千成屋

伊勢屋

　　創業於明治三十年，現在已經傳承到第四代的伊勢屋，是黑門市場老字號的醬菜販售專門店。伊勢屋堅持用最新鮮的材料，搭配品質優良的昆布所醃漬出的醬菜，讓品嘗的人吃得到傳承的堅持和用心，不管是當成餐桌上的開胃菜餚，或是包裝成禮品送人都很適合。

Data

伊勢屋
◎ 地址：大阪府大阪市中央區日本橋 2-3-4
◎ 電話：06-6644-1101

各式醃菜　　　　　　價格實在的醃菜　　　　　　　　伊勢屋

BOULANGERIE COKKU

在主要販賣新鮮漁獲的黑門市場，位於巷口的 BOULANGERIE COKKU 麵包店就很引人注目。黃色溫暖的 tone 調和店內飄出陣陣麵包香氣，讓人不自主就想進入店內一探究竟。這裡的麵包雖然沒有華麗的外觀，但是紮實的味道卻讓人回味再三。

Data

> BOULANGERIE COKKU
> ◎ 地址：大阪府大阪市中央區日本橋 2-12-18
> ◎ 電話：06-6641-2480

溫馨的裝潢

可口的麵包

BOULANGERIE COKKU

上海新天地

上海新天地

開始想念起台灣的食物嗎？不用苦等台灣的親友海運家鄉味給你，直接走一趟上海新天地吧！這裡是一棟複合式大樓，除了港式餐廳之外，還有書店、中醫針灸、中文教室和超市等，推出了各式中華相關事務的服務。位在 3 樓的食品超市，可以買到許多

其他超商買不到的中華食材，在他鄉找到懷念的口味，讓人直呼「揪甘心ㄟ」。

港式月餅

不同品種的茶葉

GEE!STORE

在電器街上頗具規模的 GEE!STORE，店內販售各式最新漫畫、周邊商品和同人誌創作，是漫畫迷們的挖寶天堂。一進店內，時下最 IN 角色的海報就懸掛在顯眼處，而動漫中可愛的配角也被製作成玩偶在店內銷售。除此之外，另有一個專為角色扮演同好們所設置的 COSPLAY 專區，不僅提供各式的道具和服裝製作材料，也販賣成套的服裝，滿足了漫畫粉絲的需求。

COSPLAY 道具服

GEE!STORE

可愛的動漫玩偶

種類齊全的 CD 專區

千日前

　　和難波相鄰的千日前，少了一點針對觀光客的推銷，卻多了一份在地人的生活味道。在千日前道具屋筋商店街內，專門販售各式廚房用具、營業用商品和生活小家電，因為同營業性質店家聚集的關係，所以價錢上就有更多的優惠可以提供給顧客。想要貼近當地人的平常生活，除了黑門市場之外，來千日前走走也是不錯的選擇。

Data

千日前道具屋筋商店街
◎ 地址：大阪府大阪市中央區難波千日前
◎ 營業時間：依各店家而異
◎ 網址：www.doguyasuji.or.jp

千日前

A-プライス

實惠的價格

Cafe Thank

　　和台灣不同的是，大阪並沒有隨處可見的「美而〇」或燒餅油條，大部分的通勤族為了方便，都是選擇便利超商的麵包解決一餐。若想要悠閒的享用一份早餐，咖啡店所供應的輕食早餐或許是不錯的選擇。在千日前站 2 號出口的樓梯轉角，有一家 Cafe Thank，輕鬆舒適的用餐環境很適合想要喘口氣的人們，店家提供了五種套餐，輕食搭配咖啡或紅茶最貴不超過 500 日圓；只是店內沒有區分吸菸區域，對於不抽菸的人或許不太方便；不過，店家所提供價錢合宜的餐點和悠閒的用餐環境，還是讓 Cafe Thank 獲得不少通勤族的喜愛。

Cafe Thank

乾淨整潔的環境　　　　　　　　　輕鬆的用餐空間

Data

Cafe Thank
◎ 前往方法：千日前線 2 號出口
◎ 電話：06-6211-3151
◎ 營業時間：07:00 ～ 20:00

太星食器

　　沒有繁複裝潢的太星食器，將店內所有的空間，無浪費地擺滿了各式的餐具和廚房用品，以優惠的價格提供給有需要的顧客。想要用便宜的價格選購廚房用具，可以來一趟太星食器尋找看看。

Data

太星食器
◎ 地址：大阪府大阪市中央區難波千日前 1-4-6
◎ 電話：06-6643-1300

太星食器

花月堂

不同造型的招財貓

非常引人注目的花月堂，店內外擺放了各式各樣營業用的招牌和燈籠、旗幟，是千日前道具屋筋商店街內歷史悠久的營業用道具商店。店內除了販售形形色色營業用的燈箱道具之外，特別值得一提的，還有許多不同款式的招財貓，從 50 元硬幣大小到半個人高的巨型招財貓，應有盡有，是該店引人注目的特色之一。

Data

花月堂
◎ 地址：大阪府大阪市中央區難波千日前 10-8
◎ 營業時間：09:00 ～ 18:00
◎ 電話：06-6643-0771
◎ 網址：coco-sign.com

花月堂

可愛的招財貓

グッディーズ（Good & es）

顏色豐富的商品

和其他位於商店街上販賣廚具用品店家不同的是，Good & es 店面洋溢著活潑多元的調性，商品間豐富的顏色和可愛造型的外觀，吸引了不少路過的女性客戶入內參觀選購，其中五彩繽紛的廚具和手繪動物馬克杯，更是店內詢問度頗高的人氣商品。

グッディーズ　　　　　　　　　　商品齊全的グッディーズ

Data

グッディーズ（Good & es）分店
◎ 地址：大阪府大阪市中央區難波千日前 8-19（分店）
◎ 電話：06-6632-7531
◎ 營業時間：10:00 ～ 19:00
◎ 公休日：每月第三個周日
◎ 網址：www.senda.co.jp

YUKIYA

隱身在電器街轉角的 YUKIYA，是一家田園風格圍繞的家具店。店外擺著墨藍的玻璃咖啡杯，倒映著偶爾隨風吹起晃動的風鈴，寧靜是 YUKIYA 給我的印象，沒有過多的宣傳和招牌，就這樣靜靜的佇立在人來人往的千日前街道轉角，在夏日的午後特別讓人感到悠閒放鬆。

YUKIYA

Data

YUKIYA
◎ 地址：大阪府大阪市中央區難波千日前 7-12
◎ 電話：06-6641-4147
◎ 營業時間：10:30 ～ 19:00

阪町屋

　　靠近千日前道具屋筋商店街的路上，阪町屋就座落在街道的一旁。店內空間規劃雖然不大，但是布製錢包、帶留（裝飾在和服上的飾品）、貓咪造型印章和各式貓咪明信片，每一樣都精緻又可愛。老闆娘本人很親切，讓客人隨意參觀和拍照，是很適合以悠閒的心情來探訪的小店。

Data

> 阪町屋
> ◎ 地址：大阪府大阪市中央區難波千日前 2-2-6
> ◎ 營業時間：11:00 ～ 16:00
> ◎ 網址：www.sakamatiya.com

阪町屋　　　　　　　　　可愛的貓咪印章　　　　　　　　和風貓咪明信片

Game Taito Station

Game Taito Station

　　鮮紅的大型看板，可愛的 pixal 造型 logo，是一家高人氣的大型電子遊戲場。1F 的夾娃娃機台，擺放著時下最 IN 的娃娃，不管是 APP 遊戲中的蘑菇方吉還是裝扮成蜜蜂的拉拉熊，都在娃娃機台內排排站等你將它帶回家。Game Taito Station 內還有大頭貼機和各種大型遊戲機台，等著大朋友們前來好好 fun 一下。

Data

> Game Taito Station
> ◎ 地址：大阪府大阪市中央區難波千日前 15-12
> ◎ 營業時間：09:00 ～ 24:00
> ◎ 網址：www.taito.com

夾娃娃機內人氣玩偶

鶴橋

在「千日前」線上的鶴橋站，是大阪區內著名的韓國街。不論是道地的韓國泡菜、紫菜包飯，或是傳統韓國服飾，在這邊都可以找到。範圍不大的韓國街，道路兩旁商家相鄰而立，有點像是台灣的五分埔，卻多添加了一份韓式風情。在這邊不吃可惜的，是口味多變的韓國泡菜，有很多人會特地搭車來鶴橋，購買道地的韓國泡菜回家當作餐桌上的佳餚。

鶴橋駅

鶴橋駅貼心指示

出口指示

金剛食品

一邊準備開店、一邊熱情和客人打招呼的親切老闆娘，讓人一早就感受到滿滿的活力。位在韓國街轉角的金剛食品，沒有突出的招牌和醒目的地標，但是樸實卻又溫暖的氣氛，讓柴貓對這間店印象十分深刻。金剛食品主要販售各式韓式食品，包含手工泡菜、韓式辣醬和海苔等，店內麻雀雖小五臟俱全。

金剛食品

Data

金剛食品
◎ 地址：大阪府大阪市東成區東小橋 3-15-8
◎ 電話：06-6971-6075

豐富韓式食材

不同辣度的唐辛子

安田商店

韓服體驗

韓服以開放式的方法展示

安田商店

店內預備了六百件以上的韓服，讓想穿上韓服留下紀念的人，不用特地飛到韓國，在日本當地也能穿上韓國服飾拍照留念。店內布置成開放式的展示空間，讓客人能更輕鬆方便的挑選想穿的衣服。想要體驗韓服攝影的人，需要先打電話向店家預約，再到店內挑選屬意的款式，最後到離本店徒步約 1 分鐘路程的攝影棚完成拍攝作業就可以了。

Data

安田商店
◎ 地址：大阪府大阪市東成區東小橋 3-15-9
◎ 電話：06-6971-1262
◎ 營業時間：09:00 ～ 18:00
◎ 公休日：周三
◎ 網址：www.yasudashouten.com

韓國小吃

在韓國街逛累了嗎？不如走到街底的小吃攤，買一份韓國煎餅邊吃邊休息吧！在韓國街街底的巷口，有三家販售韓國道地小吃的攤子，除了有辣炒年糕、紫菜捲，還有泡菜煎餅等。頭一攤的泡菜煎餅味道很適合當下酒菜，就算冷掉，吃起來依舊味道十足。熱情的老闆娘和客人聊天時忽然說起中文，這才知道老闆娘是中國人，在他鄉聽到自己熟悉的語言，實在是親切感倍增呀！

現場製作泡菜煎餅

道地的泡菜煎餅

韓國街街景

梅田

在大阪除了心齋橋、難波一帶之外，要說同時具備便利的交通和密集的百貨公司，就非梅田莫屬。在梅田，你可以搭乘阪神、阪急電車，前往京都、神戶方向；也可以選擇 JR 或「御堂筋」線地下鐵，好好暢遊大阪各個景點。梅田連接了京阪神三地，是交通非常便利的轉乘點。

不過由於梅田匯集許多交通路線的緣故，因此梅田車站的地下街複雜程度也大大提升。第一次前往梅田地下街的人，可能會被擁擠的人潮和眾多的出口給嚇一跳，加上許多服飾店、藥妝店和餐廳就設置在地下街的走道兩旁，一邊尋找出口、一邊走馬看花的結果，很有可能就會在複雜的地下街中迷路。

梅田街景

梅田之所以會被視為逛街的天堂，不單單只是地下街琳瑯滿目的商家而已。許多百貨公司和大型購物商城，都圍繞著梅田而設置。從有顯眼紅色摩天輪的 Hep Five 開始，到隔壁歷史悠久的阪急、阪神百貨公司，以及最受年輕人喜愛的 EST，都是逛街清單絕對不可以錯過的必逛選項。如果要購買電子用品，又不想跑到日本橋一家家尋找，可以到梅田的 Yodobashi umeda 慢慢選購。想要欣賞大阪夜景的情侶，不用特地跑到山上吹冷風，在 Sky Building 上就可以一探 360 度的夜景。結合了交通和娛樂性的最大優勢，來到大阪怎麼可以錯過梅田呢？

梅田的百貨公司相當密集

熱鬧的梅田地下街

Hep Five

　　從梅田站出站之後，在地下街依循指標走，搭上手扶梯就可以直接抵達 Hep Five 的地下 2 樓。Hep Five 是一棟複合式購物商城，除了可以盡情購物之外，美味的餐廳和受到年輕族群喜愛的遊樂中心 Joypolis，也是 Hep Five 人氣不減的原因所在。而這裡所聚集的品牌，主要囊括了 20 ～ 30 歲年輕女性喜愛的品牌，除了有 LOWRYS FARM、pageboy 等人氣品牌之外，也有迪士尼專賣店，讓喜愛米奇、米妮的人，不用特地跑去東京迪士尼樂園內，亦可以收集一系列自己喜愛角色的周邊商品。另一個 Hep Five 最受人注目的設施，是位於 7F 的摩天輪；坐上摩天輪可以一覽大阪的市區風貌，不管白天，還是晚上，一直都是超熱門的人氣景點。

HEP Five

Data

Hep Five
◎ 地址：大阪府大阪市北區角田町 5-15
◎ 營業時間：商店 11:00 ～ 21:00，餐廳 11:00 ～ 22:30，
　　　　　　遊樂設施 11:00 ～ 23:00
◎ 網址：www.hepfive.jp

摩天輪搭乘券

摩天輪乘車入口

從摩天輪往下看的景色

摩天輪的售票機

可播放自己攜帶的音樂

窗戶上標明了大阪各景點

阪急百貨

　　與主打年輕客群的 Hep Five 不同，老字號的阪急百貨主要針對高雅的女性客戶，所以商品和單價也比 Hep Five 再高一些。在這裡可以看到 Coach 等耳熟能詳的名牌，想要購買名牌包包犒賞自己的人，可以來阪急百貨逛逛。B1 提供美味的熟食販賣區，深得許多婆婆媽媽的喜愛，如果能在百貨公司打烊前半小時來到熟食區，可以發現許多熟食都貼出了優惠的價格以求「出清」，這時就是想要精省荷包的學生下手的最好時機。

Data

阪急百貨
◎ 地址：大阪府大阪市北區角田町 8-7
◎ 營業時間：周日至二 10:00 ～ 20:00，周三至六 10:00 ～ 21:00
◎ 網址：www.hankyu-dept.co.jp

阪急百貨　　　　　　　　　　人氣美食街

Breeze Breeze

　　一進到 Breeze Breeze，就可以看到巨大的人型木偶懸掛在大廳；每到整點時，人型木偶會隨音樂擺動，是這裡最吸睛也最響亮的活招牌。Breeze Breeze 駐店的品牌特色，大多偏向高雅精緻路線。在 4F 還設置造型藝廊，提供髮型和指甲彩繪的服務，想要感受一下名媛貴婦的氣氛，就來 Breeze Breeze 享受一下吧！

Data

Breeze Breeze
◎ 地址：大阪府大阪市北區梅田 2-4-9
◎ 營業時間：商店 11:00 ～ 21:00，餐廳 11:00 ～ 23:00
◎ 網址：www.breeze-breeze.jp

EST

位在 Hep Five 旁的 EST，主打年輕品牌的攻勢，有點像是濃縮版的心齋橋，時下年輕人喜愛的流行風格，在 EST 都可以找到類似的搭配。不管白天，還是晚上，EST 的霓虹招牌總是特別顯眼，每到傍晚相約見面的年輕人，在 EST 前的小型廣場互相聊天打鬧，形成另一種熱鬧的景象。

Data

> EST
> ◎ 地址：大阪府大阪市北區角田町 3-25
> ◎ 營業時間：11:00 ～ 21:00
> ◎ 網址：www.est-sc.com

EST

阪急三番街

沿著梅田地下街的指標一路往前走，路程大約十來分鐘就可以抵達阪急三番街。這是一條購物街，分為南、北兩館，有很多日系雜貨店和流行服飾、鞋店隱身其中，價格部分比 Hep Five、EST 更親民。除了流行服飾店之外，還有許多像是藥妝店、書店或樂器店，在這裡也有駐點。喜歡 Snoopy 的人，一定要來逛逛 Snoopy town shop，這邊可以找到許多限定的 Snoopy 夢幻商品，在商家旁還有 Snoopy 扭蛋機，以及約 70 ～ 80 公分大的 Snoopy 公仔，讓 Snoopy 粉絲們購物完畢後，還能跟自己喜愛的 Snoopy 合照。

阪急三番街

可愛的 Snoopy

Snoopy town shop

Snoopy 粉絲的天堂

Sky Building

　　想要一覽大阪的夜景，不用特地跑到郊外的高山上，在梅田的 Sky Building 就可以看見最完整 360 度的夜景。在 Sky Building 的展望台上，夜晚的淀川大橋就像延伸的光路，在黑暗中筆直閃爍著，彷彿呼應不夜城的大阪商業區一般，JR 神戶線不時穿梭其中，形成流動的美感。第一次在 Sky Building 展望台上所看到的夜景，真的讓人十分感動。除了觀看美麗的夜景之外，也別忘了低頭看看腳下會發光的「銀河」，這是 Sky Building 特地為遊客所設計，在地板中嵌入會發光的材質，讓遊客如同置身於星空般俯瞰著夜景。如果是喜愛夕陽的朋友，也可以在太陽下山前來一趟 Sky Building 的展望台，這裡的夕陽景觀可是被票選為「日本夕陽百選」其中之一的景點呢！

空中庭園

Sky Building

滝見小路

　　位在 Sky Building 地下一樓的滝見小路，懷舊的街景設計讓人宛如時光倒轉回到了日本早期，古老的海報和招牌張貼在四周，不管是地上的石磚路，或是一旁木造紙門建築，原汁原味的造景讓你彷彿回到了過去的時光。裡面二十多家的餐館，從大阪燒到豬排丼應有盡有，讓欣賞完夜景的遊客，可以在懷舊的氣氛中享受美味的晚餐。

Data

滝見小路
◎ 營業時間：11:00 ～ 21:30（依各店營業時間會有所差異）
◎ 網址：www.takimikoji.jp

復古的展示車型

令人印象深刻的面具擺飾

滝見小路

喝鈍

　　位在滝見小路中，可以看到一家掛著特殊造型燈籠的豬排店，那就是喝鈍。店內的空間雖然不大，卻持續著座無虛席的狀態。喝鈍的招牌味噌豬排飯，就擁有許多死忠的客群，店家將炸得酥脆爽口的豬排搭配濃郁的特調醬汁，那充滿肉汁的厚實豬排混合著香甜的味噌調味，誰能抵擋這招牌組合的魅力。店內還有可以自行取用的醃蘿蔔和酸梅，將鹹

下飯的醃梅子

招牌味噌豬排排飯

喝鈍

店內溫馨的用餐氣氛

脆的醃蘿蔔和沾滿醬汁的豬排一同送入口中，那美味的雙重
享受，令人直到吃掉最後一粒飯都還意猶未盡。

Data

喝鈍
◎ 地址：大阪府大阪市北區大淀中 1-1-90
◎ 營業時間：11:00 ～ 21:00
◎ 網址：www.takimikoji.jp/shopnews/katudon.html

芭蕉庵

Q 彈有嚼勁的笑來美餅，正是芭蕉庵最推薦的
伴手禮。口感吃起來很像麻糬，搭配上香濃的
黃豆粉，喜歡日式甜點的旅客可以來試試看。
除了黃豆粉口味之外，芭蕉庵還提供芝麻、黑
糖蜜、抹茶，一共四種口味，如果不知道要選
購哪一種口味的人，現場有提供試吃，讓你可
以買到最喜歡的口味。

笑來美餅

Data

芭蕉庵
◎ 地址：大阪市北區大淀中 1-1-90 B100
◎ 營業時間：11:00 ～ 21:00
◎ 網址：www.bashoudo.com

芭蕉庵

Yodobashi-Umeda

想要一次挑選各式電器用品又不想跑太多地方嗎？來一趟 Yodobashi-Umeda 複合型商城，就可以滿足你的需求。Yodobashi-Umeda 位在梅田車站出口附近，交通十分方便。全店共分為樓上 5 樓和地下 B1、B2，除了各式生活用品家電之外，連遊戲、玩具、扭蛋等動漫相關商品，都可以在此找到。對於想要買日文翻譯辭典又不知道如何著手的人，Yodobashi-Umeda 也有會説中文的店員提供服務。這裡不僅販售電器用品，還有流行服飾、異國餐廳、指甲彩繪和提供算命服務，五花八門的店面和商家，可以滿足各個不同需求的客人。

Data

Yodobashi-Umeda
◎ 地址：大阪府大阪市北區大深町 1-1
◎ 營業時間：09:30 ～ 22:00
◎ 網址：www.yodobashi-umeda.com

Yodobashi-Umeda

新世界

　　平常日的新世界，就像是休憩一般，沒有吵鬧的喧囂，只有商家靜靜矗立在街道兩旁，雖然安靜卻隱藏著悠久的歷史。由最著名的通天閣開始，往動物園前站的方向走去，是各式美食的一級戰區，從老字號、創業 50 ～ 60 年的炸串老店，到掛著超大河豚招牌的河豚料理，在新世界提供美味的料理選擇，足以滿足你挑剔的味蕾。如果喜歡動物的人，也不能錯過深受大人、小孩喜愛的天王寺動物園。留有昭和時代味道的街景和美味料理，新世界是一處蘊含濃濃復古味道的美食天堂。

通天閣本通

帶有懷舊味道的魚光

美食一級戰區新世界

新世界街景

通天閣

　　從惠美須町站出來往前走，不用 5 分鐘，就可以看見新世界最著名的地標──通天閣。通天閣全長約 103 公尺，雖然在日本不是最高的塔樓，但從 5 樓的展望台往下看，還是可以將新世界、天王寺周圍的景色盡收眼底。在通天閣 2 樓是紀念品販售處，可以看到許多新世界限定的伴手禮，除了有通天閣造型糖果塔、ビリケン鑰匙圈、ビリケン限定造型便當之外，還可以找到限定款的 Hello Kitty 手機吊飾，是

超人氣ビリケン

帶來好運的ビリケン

通天閣內的ビリケン

一層占地不大，禮品種類卻十分豐富的紀念品販售處。

　　ビリケン在新世界是十分有名的幸運雕像，聽說只要觸碰ビリケン的腳底，就可以帶來好運，所以不論是在新世界的街頭，還是通天閣的樓層內，都可以看見ビリケン的蹤跡。有趣的是，在通天閣內的ビリケン，腳底的部分已經被想沾好運的觀光客們，摸出了兩個大凹槽。若有機會看到人氣雕像ビリケン，也別忘了摸一下腳底，多帶點好運回家唷！

Data

通天閣
◎ 地址：大阪府大阪市浪速區惠美須東 1-18-6
◎ 參觀時間：09:00 ～ 21:00
◎ 票價：成人 600 日圓、小孩 300 日圓
◎ 網址：www.tsutenkaku.co.jp

通天閣

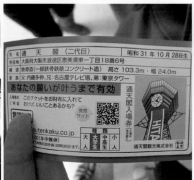

通天閣門票

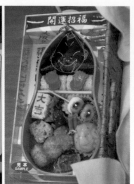

ビリケン造型便當

天王寺動物園

　　深受大人、小孩喜愛的天王寺動物園，一直都是新世界的人氣景點。除了可以看到溫馴的綿羊、貓熊之外，超可愛的北極熊、企鵝和海獅，也是天王寺動物園必看的明星動物，只需要花入園費 500 日圓，便可以一覽可愛的動物世界。

Data

天王寺動物園
◎ 地址：大阪府大阪市天王寺區茶臼山町 1-108
◎ 參觀時間：09:30 ～ 17:00
◎ 網址：www.jazga.or.jp/tennoji

だるま

位在通天閣旁邊的だるま，是新世界的人氣炸串店。每到開門的時間，店外總會排起長長的人龍，店內採取吧台式座位，想要吃什麼直接向店員點菜即可。店內總是瀰漫著迷人的香味和熱情的吆喝聲，剛炸好的炸串搭配冰涼的啤酒，在夏天簡直是天堂般的享受。在這邊要特別推薦「起士魚板」這道單點菜色，濃郁的起士融化在魚板中，搭配酥脆

人氣炸串

的外皮，是道一上桌就會被迅速秒殺的超美味炸串。

起士魚板

Data

だるま
◎ 地址：大阪府大阪市浪速區惠美須東 1-6-8
◎ 營業時間：11:00 ～ 21:00
◎ 網址：kushikatu-daruma.com

だるま

熱鬧的用餐環境

半開放式的廚房

朝日

新天地美食老街雖然占地不大，各式炸串店的密集度卻十分高。如何在眾多競爭對手中脫穎而出，是每家炸串店最優先的課題。朝日炸串店，除了門口放置十分顯眼華麗的招牌之外，店內寬敞的規劃和貼心的中文菜單，也是擄獲不少觀光客青睞的原因。

Data

朝日
◎ 地址：大阪府大阪市浪速區惠美須東 2-4-7
◎ 營業時間：11:00 ～ 23:00
◎ 網址：www.asahi.cc

一目了然的菜單

朝日

かんかん

就像是最好的宣傳，かんかん章魚燒店旁總是站滿了聞香而來的遊客，迫不及待地將剛起鍋的章魚燒直接放入嘴中，一邊吹氣、一邊幸福的大口吞下，か

んかん章魚燒就是有這種魅力。一盒八個的章魚燒，濃郁的醬汁和軟嫩的內餡搭配著有嚼勁的章魚，總是吸引饕客一再造訪，從不間斷的排隊人潮就是美味的證明。

人氣章魚燒

Data

> かんかん
> ◎ 地址：大阪府大阪市速浪區惠美須東 3-5-16
> ◎ 營業時間：周二至六 10:00 ～ 19:00
> ◎ 公休日：周日、周一

かんかん章魚燒

店家外觀

十分忙碌的店員

天王寺

　　體驗完新世界那讓人懷念的氣氛和滿足的美食後，緊鄰在天王寺站周圍的商圈，也是逛街清單中不能錯過的區域。和天王寺站相連的百貨公司 MIO，受到許多年輕人的喜愛，除了超好買的各式服飾配件之外，在 MIO 的プラザ館還有設置食品館，提供通勤的上班族或學生族群便宜又美味的多樣選擇。逛完街之後，還可以到附近的四天王寺或市立美術館走走。融合了懷舊和年輕活力的天王寺，是一個很有特色的地方。

天王寺

天王寺車站地下街

人潮無間斷的天王寺車站

MIO

　　搭乘谷町線在天王寺一出站，不用走出車站大樓，搭乘車站內的手扶梯就可以抵達 MIO 百貨公司。在 MIO 百貨公司裡，可以找到便宜的衣服或 1,000 ～ 2,000 日圓的鞋子，商品整體的價格和心齋橋筋商店街相比，更容易讓學生族群接受。MIO 分為 MIO 本館、プラザ館，跟只有販售服飾的百貨公司不同，MIO 提供更多元的服務，除了有 MIO 郵局之外，甚至還有牙科和眼科等診所，全方位綜合形式的百貨公司，將會推翻你對購物商城的印象。

MIO

Data

MIO
◎ 地址：大阪府大阪市天王寺區悲田院町 10-39
◎ 營業時間：MIO 本館——11:00 ～ 21:00，プラザ館——10:00 ～ 21:00〔限服飾類型的店家，其他類型駐點依各店營業時間為主〕
◎ 網址：www.tennoji-mio.co.jp

プラザ館的食品區

多樣選擇的熟食區

超值的各式便當

BANJAX

　　BANJAX 的衣服給人成熟性感的印象，全店色調採用黑色和銀色為主，展現了獨特的個性魅力。店內商品常推出優惠的價格回饋消費者，想嘗試帶有成熟味道的造型打扮，BANJAX 內的服飾可以幫你換上另一種的 style。

Data

BANJAX
◎ 地址：大阪府大阪市天王寺區悲田院町 10-48 天王寺 MIO プラザ館
◎ 營業時間：10:00 ～ 21:00
◎ 電話：06-6772-3545

BANJAX

NEWTON LABO

　　NEWTON LABO 陽光又可愛的風格，擄獲了眾少女的目光。店內的雜貨商品每一樣都細緻小巧，不論是堅果項鍊、圓點雨傘，還是蕾絲背包，帶有甜甜氣息的自然味道十分受

歡迎，是一家人氣滿點的生活雜貨店。

Data

NEWTON LABO
◎ 地址：大阪府大阪市天王寺區悲田院町 10-48 天王寺 MIO プラザ館 2F
◎ 電話：06-6776-6711

NEWTON LABO

3COINS + Plus

如同店名 3COINS，3COINS + Plus 店內所有商品都只需要 3 枚百元的銅板，和三日月百子不同的是，3COINS+ Plus 的商品以清新休閒為主，和 working house 的風格有一點類似。根據季節的不同，當季會加入時下流行的元素，像是夏季就以海軍風格為主題，不管是包包，還是置物架，都可以看到

3COINS + Plus

夏天的氣息包含在其中，是一家便宜又實用的生活雜貨店。

Data

3COINS+ Plus
◎ 地址：大阪府大阪市天王寺區悲田院町 10-48 天王寺 MIO プラザ館
◎ 電話：06-6779-1211
◎ 營業時間：10:00 ～ 21:00
◎ 網址：www.3coins.jp

Heartdance

想要好好選購身上的配件嗎？MIO 館內的 Heartdance，從項鍊、戒指、耳環到髮飾都有販售，種類非常齊全，選擇也相當多樣化，網羅了時下流行的元素，讓配件晉升為穿搭的焦點。

Data

Heartdance
◎ 地址：大阪市天王寺區悲田院町 10-48 天王寺 MIO プラザ館 2F
◎ 營業時間：10:00 ～ 21:00
◎ 網址：www.heartdance.jp/blog/?acc=tamaya

Heartdance

Hoop

同樣位於天王寺車站附近的百貨公司 Hoop，是另一處購物的好去處。和 MIO 百貨公司所選擇的年齡族群不同，Hoop 主要偏向 25 ～ 35 歲擁有自我風格的輕熟女族群，所以品牌和價位比 MIO 百貨公司來得再高貴一些。Hoop 內有提供精緻的下午茶，讓貴婦們在血拼之餘，也能度過一個悠閒的午後。

Data

Hoop
◎ 地址：大阪府大阪市阿倍野區阿倍野筋 1-2-30
◎ 營業時間：11:00 ～ 21:00
◎ 網址：www.d-kintetsu.co.jp/hoop

大阪城

大阪城公園

　　想要一覽大阪舊時建築和遺留下來的歷史遺跡嗎？那就來一趟大阪城公園吧！大阪城公園的前身是大阪城遺址，當時的大阪城代表著政治和經濟地位的最高象徵，其中最吸引遊客目光的「天守閣」，是由豐臣秀吉所建造。後來和德川家康的戰爭中，天守閣經過戰火的摧殘，曾經一度消失。當戰事平歇之後，德川家光重新修復了天守閣，占地規模雖然不如豐臣秀吉時代來得廣大，不過修復後的天守閣依舊可以看見當時輝煌的影子。

大阪城公園駅指示牌

　　而後大阪城又因為遭破壞而再次經歷了修復，雖然外觀不能說白分百還原最初的樣貌，不過修復後的天守閣，以及大阪城內所遺留下來的多處古蹟，相信還是多少滿足了歷史迷的心。

大阪城公園駅

大阪城公園內景色

視野良好的景致

一窺歷史遺留的痕跡

大阪城公園內，除了有氣勢雄偉的天守閣之外，大阪城市立博物館、大手門、豐國神社、櫻門等景點，也都很值得一一探訪。廣大的占地空間和兩旁翠綠的植物，是很適合放鬆心情的地方，假日來到大阪城公園，可以看到許多家庭在園內運動，或是休息。除此之外，號稱西日本最大的體育館HALL，是許多演唱會和大型活動舉辦的場所。融合了歷史、休憩，以及年輕活力的大阪城公園，是假日推薦散心的景點首選。

大阪城公園內

悠閒的大阪城公園

天守閣

　　天守閣全棟一共有 8 層樓，一進門就可以看到販售各式天守閣的紀念商品，往樓上移動，3、4 樓主要展示珍貴的歷史文物，不定期會更換展覽內容；7 樓則是展出有關豐臣秀吉一生的文物特展，歷史迷們可不要錯過；8 樓開放給想一覽大阪城公園的人，視野極佳，是最佳的瞭望台。

　　來到天守閣，除了白天可以欣賞館內珍貴的歷史文物之外，晚上也是推薦的拍照景點。夜晚的天守閣，在四周燈光的照射下，呈現出和白天完全不同的高貴氣氛，尤其在 3、4 月櫻花盛開的季節，搭配吉野櫻的天守閣襯托著靛黑色的夜空，真是美到讓人怦然心動的絕景。

Data

天守閣
◎ 地址：大阪市中央區大阪城 1 番 1 號
◎ 參觀時間：09:00 ～ 17:00
◎ 門票：成人 600 日圓，國中以下免費
◎ 網址：www.osakacastle.net/hantai

天守閣

雄偉的天守閣

NHK 大阪電視台

　　想要近距離參觀電視台運作過程，不用特地跑到其他地方，在 NHK 大阪電視台就可以完成這個夢想。一進到 NHK 的大樓內，馬上就能看見免費體驗區，提供藍幕虛擬合成和新聞主播台這兩項體驗活動。藍幕虛擬合成就是站在單一藍色背景前面，經過攝影機拍攝擷取影像後，機械會自動將藍色背景去掉，合上預先準備好的虛擬背景；現在許多節目都利用這項技術，對虛擬合成背景有興趣的人，可以到現場親自體驗一番。

　　而新聞主播台，是讓體驗者看著眼前的讀字機，依照一定的速度念稿，再將剛剛播報過程錄下來的主播體驗活動；看著因為緊張而吃螺絲的自己，是一次很有趣的嘗試。NHK 電視台內部只開放 1F 和 9F 供人參觀，其他的樓層則是實際錄製正在播出的電視節目，想要體驗一日媒體人，可以來到 NHK 大阪電視台親自參與看看。

Data

NHK 大阪電視台
◎ 地址：大阪府大阪市中央區大手前 4-1-20
◎ 網址：www.nhk.or.jp/osaka/bkplaza

電視台大樓內

ドモくんの投影

NHK 大阪電視台

可愛的吉祥物

體驗新聞主播台

三井アウトレットパーク

大阪鶴見 OUTLET

　　看到 OUTLET 這個單字，想必已經讓血拼女孩們蠢蠢
欲動了，沒錯！在大阪鶴見 OUTLET，雖然沒有 LV、Gucci
等昂貴國際大牌，但是日本當地的人氣品牌，在大阪鶴見
OUTLET 卻可以用相當划算的價格買到。像是無印良品的過
季商品，在大阪鶴見 OUTLET 約有快 7 折的折扣；深受女
孩們喜愛的 LOWRYS FARM，標籤上也直接貼上 990、1990
日圓的超心動價格。到了大阪，若沒有來一趟大阪鶴見
OUTLET，怎麼對得起自己的購物細胞呢？

Data

大阪鶴見 OUTLET
◎ 地址：大阪府大阪市鶴見區汣田大宮 2-7-70
◎ 營業時間：平日 11:00 ～ 20:00，周六及日 10:00 ～ 20:00
◎ 網址：www.31op.com/osaka

前往 OUTLET 的指標

大阪鶴見 OUTLET

mont・bell

DOUBLEDAY

　　店內擺放了各式日系生活雜貨，從超可愛的卡通地毯、
置物櫃、衛浴用品到圓點雨衣，DOUBLEDAY 統統有賣，以
市價約 7、8 折的優惠回饋客戶，不僅減少荷包的
壓力，又能裝飾自己夢想中的家，真是一舉兩得。

Data

DOUBLEDAY
◎ 地址：大阪府大阪市鶴見區茨田大宮 2-7-70 3F
◎ 營業時間：平日 11:00 ～ 20:00，周六及日 10:00 ～ 20:00
◎ 網址：www.doubleday.jp

DOUBLEDAY

無印良品

　　無印良品一直講求以舒適自然的生活用品，打造一個輕鬆的生活空間。而它自然不做作的風格，始終受到廣大消費者的喜愛。大阪鶴見 OUTLET 的無印良品，服飾、生活用具雖然不是當季設計款，但良好的質感卻不打折扣，不論是衣服、床單、收納家具，在鶴見 OUTLET 內都有相當漂亮的價格，推薦無印良品的粉絲們親自走一趟，一定會滿載而歸。

Data

無印良品
◎ 地址：大阪府大阪市鶴見區茨田大宮 2-7-70 3F
◎ 營業時間：平日 11:00 ～ 20:00，周六及日 10:00 ～ 20:00
◎ 網址：www.muji.net

無印良品

FETE le marche

FETE le marche

　　FETE le marche 是一家販售各式知名餅乾、果醬等食品的 OUTLET 店面，在店內可以看到小熊維尼的蜂蜜罐，或是機場免稅店販賣的史努比餅乾。當然，因為是 OUTLET 出清的緣故，店內的每一樣商品都以划算的價格出售，仔細尋找還可以買到 60 日圓的史努比夾心餅乾呢！

Data

FETE le marche
◎ 地址：大阪府大阪市鶴見區茨田大宮 2-7-70 3F
◎ 電話：06-6911-0558
◎ 營業時間：平日 11:00 ～ 20:00，周六及日 10:00 ～ 20:00

FETE le marche 店內

LOWRYS FARM

喜歡日系服裝的人，對這個品牌一定不陌生，LOWRYS FARM 是崇尚日系打扮的女孩們，衣服搭配的參考標的。在大阪鶴見 OUTLET 的 LOWRYS FARM，價格也折扣得很漂亮，雖然屬於過季商品，但看到標籤貼上了和原價落差到 3、4 成的折扣，還是讓店內擠滿了來搶便宜的女孩。

LOWRYS FARM

Data

LOWRYS FARM
◎ 地址：大阪府大阪市鶴見區茨田大宮 2-7-70 3F
◎ 營業時間：平日 11:00 ～ 20:00，周六及日 10:00 ～ 20:00
◎ 網址：www.lowrysfarm.jp

PAL GROUP

時下流行的竹編包、連身長裙、軍綠色的帥氣外套，在 PAL GROUP 統統都可以找到，十足的流行感，讓人很難想像這是 OUTLET 所販賣的商品，難怪不論何時經過 PAL GROUP，店內長長的結帳人龍從未間斷過。

Data

PAL GROUP
◎ 地址：大阪府大阪市鶴見區茨田大宮 2-7-70 4F
◎ 營業時間：平日 11:00 ～ 20:00，周六及日 10:00 ～ 20:00
◎ 網址：www.pal-blog.jp/paloutlet-tsurumi

PAL GROUP   時尚的穿搭

Nike Clearance Store

Nike

在大阪鶴見 OUTLET 裡，也有知名運動品牌的下殺折扣價；你可以用划算的價錢買到人氣流行款或氣墊功能鞋。不過因為是球鞋出清的關係，所以鞋子的尺碼並不齊全，想買到喜歡的款式又有自己的 size 還需要碰碰運氣。

Data

Nike
◎ 地址：大阪府大阪市鶴見區茨田大宮 2-7-70 4F
◎ 營業時間：平日 11:00 ～ 20:00，周六及日 10:00 ～ 20:00
◎ 網址：www.nike.com/nikeos/p/nike/ja_JP

櫻花盛開必去勝地

　　一說到 3、4 月櫻花盛開的大阪,那美不勝收的景致,總是吸引絡繹不絕的賞花客一再造訪。放眼望去滿是粉嫩的櫻花,好像連周遭的空氣都甜美了起來,如果恰巧遇到櫻花飄落的時間,那像雪一般落下的粉色花瓣,帶著淡淡的香氣翩然眼前,更是猶如置身在夢境那般夢幻,怪不得每到櫻花季,著名的賞櫻景點總是擠滿來朝聖的遊客。如果你造訪大阪的時間剛好碰到櫻花季,這邊所推薦的賞櫻景點,可千萬不要錯過了。

萬博紀念公園

　　首先要介紹的,是占地十分廣大的萬博紀念公園。抵達萬博紀念公園的方式也很簡單,只需要先搭乘「御堂筋」線抵達千里中央站,再轉搭單軌電車抵達「萬博紀念公園站」下車就可以了。萬博紀念公園裡,有一座十分顯眼的「太陽之塔」聳立在園中,如果是標準漫畫迷,對這座「太陽之塔」一定不陌生,它正是出現在某知名漫畫裡的重要指標。附帶一提,晚上的「太陽之塔」看起來十分的神祕,黃綠色的光影打在塔上,更增添了詭譎氣氛,就算不知道它來歷的人,

櫻花盛開的萬博紀念公園

太陽之塔

往萬博紀念公園方向

盛開的櫻花

美麗的夜櫻

象徵過去的太陽之塔背面

點上燈籠的萬博紀念公園

也會對它獨特的造型留下深刻印象（笑）。以「太陽之塔」為軸心，自然文化園區是適合假日散步放鬆的好去處，也是每到櫻花季，朋友們相約賞花的好地方。

　　要在萬博紀念公園賞花，建議下午的時候抵達園區，可以事先準備一些零食和飲料，坐在草地上一邊和朋友聊天、一邊欣賞周遭繽紛的櫻花。到了晚間，園區內會打上五顏六色的燈光，夜晚的櫻花，不同於白天嬌羞粉嫩的感覺，反倒多了一股神祕的氛圍，襯著墨黑的星空，那像夢一般的視覺震撼，讓人感動到久久不能言語。

Data

萬博紀念公園
◎ 賞櫻推薦時間：下午 3 點以後入園，等待晚上 7、8 點的夜櫻
◎ 賞櫻花推薦指數：★★★★☆
◎ 地址：大阪府吹田市千里萬博公園 1-1
◎ 網址：www.expo70.or.jp
◎ 交通：搭乘「御堂筋」線抵達終點站「千里中央」，再轉搭大阪モノール在「萬博紀念公園」站下車即可到達。

綻放的櫻花

造幣局

　　不是只有占地廣闊的公園才能欣賞到美麗的櫻花，一向以櫻花種類豐富著稱的造幣局，也是賞花客每到櫻花盛開的期間，一定要去朝聖的地方。造幣局是財政部籌造硬幣的重要場所，平常不對外開放；唯有每年櫻花盛開時，局內才會對外開放一周，供民眾前往場區內欣賞各式各樣不同種類的櫻花。

　　造幣局內種植許多特別的櫻花品種，包括百櫻之皇、楊貴妃、蘭蘭等櫻花類型，讓民眾只需要在一個賞櫻景點，就能看到最多元的櫻花。場區內種植的櫻花還有一個特色，通常賞櫻時都需要一直仰著頭，遙望著高處的櫻花，但是造幣局內部分櫻花因為品種的緣故，所以枝葉不高，賞花客似乎只要伸長了手，就能觸碰到柔美的櫻花，那種近距離感，

不同於遠遠看著櫻花，不過為了讓之後來的遊客都能欣賞櫻花的美貌，建議不要用手觸碰櫻花，或是傷害枝苗，這樣美麗的櫻花才能一直用最完整的狀態展現在大家眼前。

除了欣賞漂亮的櫻花之外，造幣局前每到開放賞櫻的時節，就會出現許多流動攤販，販賣各式小吃，包括美味的章魚燒、大阪燒，還有糖燒蘋果和烤魚等國民小吃也會出現其中，對於想要好好品嚐大阪美食的人，這是個不能錯過的好時機。

Data

造幣局
◎ 賞櫻推薦時間：為了避免人潮，建議在剛開放入場的早上 10:00、11:00 就先行進入園內賞花。
◎ 賞花推薦指數：★★★★
◎ 地址：大阪府大阪市北區天滿 1-1-79
◎ 開放時間：每年造幣局開放賞花時間，要依當季櫻花綻放的時間而定，可以在出發賞櫻前先行上網查詢。
◎ 網址：www.mint.go.jp/sakura
◎ 交通：搭乘「御堂筋」線在「本町」站轉「中央」線，在「谷町四丁目」站下車之後，再轉搭「谷町」線在「天滿橋」下車即可。

造幣局

雨中的造幣局

美味小吃

慕名而來的遊客

路燈下的櫻花

貼心標示櫻花的品種

必玩的遊樂園

USJ- 日本環球影城

　　像夢一般的天堂，不管大人，還是小孩，都無法抗拒的
USJ，是大阪最具代表性的遊樂園。USJ 的全名是 Universal
Studios Japan，也就是俗稱的日本環球影城，裡面以好萊塢
著名的電影為主題，讓遊客親身經歷在自己喜愛的電影劇情
中。不論是坐船在大白鯊出沒的海域中探險，或是和蜘蛛人
一起在 3D 世界中打擊罪犯，USJ 都可以滿足你的夢想。

　　除了經典系列電影之外，USJ 所推出的實境真人秀，
以完全不輸給主題設施的精采度吸引著觀眾。像是在 Water
World 裡追逐爆破場景，全部由演員現場直接演出，精采逼
真的程度絕對會讓你大呼過癮！夜晚的花車遊行也是不能錯
過的重頭戲，灰姑娘、餅乾怪獸等大型花車，隨著活潑的音
樂陸續進場，閃耀著夢想的夜晚嘉年華，讓你直到最後一秒

人潮從不間斷的 USJ

親切的剪票人員　　　　　　　　　　　　　　　USJ

重現美式建築

宛如國外的街道

4-D 電影院

USJ 的街景

都在歡呼中度過。

要前往 USJ 的方式也簡單，先搭乘「御堂筋」線抵達「梅田」站，出了地下鐵之後直接前往 JR 大阪站搭乘「JR 大阪環狀線」在「西九条」站下車，最後再轉搭「JR ゆめ咲」線就可以直達 USJ。JR ゆめ咲的電車十分可愛，車廂外觀上印有芝麻街角色的可愛圖案，讓人還沒抵達 USJ，就先感受到 USJ 活力十足的宣傳。

侏儸紀公園（JURASSIC PARK THE RIDE）

對恐龍迷們來說，很少人不知道「侏儸紀公園」這部經典之作，電影中的科學家利用標本的 DNA，將恐龍這種已絕跡的生物，重現於世界上的電影劇情。而 USJ 則是將這部吸引人的電影，量身製作成刺激的遊樂設施。遊客一坐上探險船，隨著水流緩緩前進的同時，可以看見巨大的草食性恐龍在岸邊覓食，隨著船走進深邃的環境中，凶猛的肉食性恐龍也隨之出現，接下來的刺激冒險，就等著你來一趟侏儸

侏儸紀公園

紀公園親身體驗啦！

§ 刺激指數：★★★★

蜘蛛人（SPIDER-MAN）

想要當一次美國的超級英雄，在飛簷走壁之間打擊罪犯嗎？那就來體驗一下 3D 版本的蜘蛛人吧！這是 USJ 中十分受到歡迎的遊戲設施，所以排隊的人潮一直都沒有間斷過，建議一入園可以先挑選比較熱門的遊樂設施，分散排隊的時間。蜘蛛人 3D 是坐在遊戲車上，隨著緊張的劇情跟著蜘蛛人一起在黑夜中冒險，精采的程度非常值回票價。

§ 刺激指數：★★★★☆

蜘蛛人

魔鬼終結者 2（Terminator 2）

從未來回到現在拯救故事中主人翁的阿諾，也出現在 USJ 的遊樂設施中了。一開始遊客會坐在像是電影院的座位上，欣賞著電影「魔鬼終結者」的劇情，忽然之間騎著重型機車的阿諾現身在觀眾眼前，現場真人的表演融合了 3D 立體電影的劇情，震撼的場景和逼真的立體特效，將帶領遊客進入前所未有的刺激冒險中。

§ 刺激指數：★★★★

魔鬼終結者 2

大白鯊（JAWS）

登登登……只要一聽見這段節奏，馬上讓人想起血盆大口的大白鯊在水中出現的畫面。大白鯊 JAWS 這項遊樂設施，一開始領隊會招攬遊客坐上觀光船，一路介紹著沿途的風景，忽然船

大白鯊

身傾斜,響起大白鯊的招牌配樂,心裡的緊張指數瞬間飆高 10 度。

§ 刺激指數:★★★

Water World

USJ 除了遊樂設施之外,園內的表演也十分精采,其中

推薦一定要去看的,就是 Water World 水世界。一開始有幾名穿著像是海盜的表演人員,會先和現場觀眾互動炒熱氣氛,接下來水上摩托車就以超高技術衝進表演會場,開始一連串緊張的劇情發展。刺激的故事內容加上震撼的爆破場面,是一場非常值得一看的真人表演秀。

§ 精采指數:★★★★☆

Water World

Data

USJ- 日本環球影城
◎ 地址:大阪府大阪市此花區櫻島 2-1-33
◎ 營業時間:平日 10:00 ～ 18:00,假日 09:00 ～ 21:00(營業時間會因時節有所變動,建議出發前先上 USJ 網頁查詢正確時間)
◎ 交通:先搭乘「御堂筋」線抵達「梅田」站,再搭乘「JR 大阪環狀線」在「西九条」站下車,最後再轉搭「JR ゆめ咲」就可以抵達了。
◎ 網址:www.usj.co.jp

海遊館

位在天保山的海遊館,是規劃十分完善的海洋生物主題樂園。主打各種可愛的海洋明星,包括海豹、海獅、海獺、企鵝、鯊魚等,十分受大人小孩歡迎的人氣動物。海遊館

內採取螺旋式的展覽方式,讓你可以隨著指示,輕鬆無遺漏的觀看每種海洋生物。海遊館內人氣觀賞景點,包括觀看巨型的水槽鯊魚餵食秀、大批魚群優游在旁的海洋走道,還有一邊吃東西、一邊漂游在水面上的海獺,可愛程度讓大人都忍不住直喊「卡哇伊」(かわいい)!

海遊館

人氣明星鯨鯊

活力的海獅

可愛的企鵝

Data

海遊館
◎ 地址：大阪府大阪市港區海岸通 1-1-10
◎ 營業時間：平日 09:30 ～ 20:00（營業時間會因時節有所變動，建議出發前先上網頁查詢正確營業時間）
◎ 交通：搭乘「中央」線在「大阪港」站下車後，依照指標往 1、2 號出口即可。
◎ 網址：www.kaiyukan.com

重現早期製麵場所

インスタントラーメン發明紀念館

在大阪除了有 USJ 和海遊館這兩處玩樂景點之外，位在池田站的インスタントラーメン發明紀念館，也很適合假日去參觀。全世界的第一碗泡麵，就誕生在池田這個地方，由安藤百福所研發製造而成。後來為了紀念安藤，就在池田這個發源地建造了泡麵博物館。

將畫好的杯碗交給工作人員

在インスタントラーメン發明紀念館裡，可以 DIY 獨一無二的泡麵。從最初在泡麵杯碗畫上專屬個人的圖案開始，接著選擇湯底口味、配料，最後將泡麵密封在真空袋裡，自己親手完成泡麵製作是件很好玩的事情，若有興趣參觀インスタントラーメン發明紀念館，別忘了親手製作一碗泡麵帶回家！

放入泡麵

完成囉

選擇配料

Data

インスタントラーメン發明紀念館
◎ 地址：大阪府大阪市池田市滿壽美町 8-25
◎ 營業時間：09:30 ～ 16:00，最後入館時間 15:30
◎ 交通：在梅田站搭乘「阪急寶塚」線在「池田」站下車後，依照指標步行約 6 ～ 8 分鐘即可。
◎ 網址：www.instantramen-museum.jp

將泡麵用塑膠套封口

Part
6

延伸推薦行程
Travel in kansai

京都一日遊
神戶一日遊
奈良一日遊
私房推薦行程

京都一日遊

　　京都就像是披上歷史面紗的城市，不論你走到哪裡，都可以感受到最具日式的樣貌。不管是鴨川旁輕輕搖曳的楊柳和寧靜的流水，或是先斗町所延續下來懷舊的日式建築，還是嵐山那翠綠的靜謐與商店街販售細緻的手工藝品，這些全部都是京都的魅力所在。這裡還有許多被列為世界文化遺產的重要神社和古蹟，等待著有緣人的探訪。京都，本身就是一處醞釀深厚文化的城市，而它所散發出典雅的和式風情，也是吸引觀光客絡繹不絕的原因所在。

櫻花盛開的京都

穿著和服的優雅女士

傳統的人力拉車

觀光景點特有的代步工具

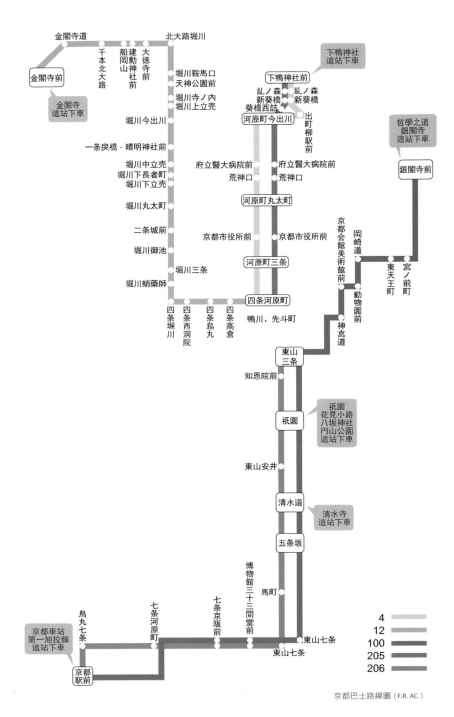

京都巴士路線圖（F.R. AC.）

路線一：京都車站 賞花公車路線

【行程規劃】：京都車站 >> 第一旭拉麵 >> 清水寺 >> 祇園
>> 花見小路 >> 八坂神社 >> 円山公園

京都車站

手塚治虫ワールド指標

結合了傳統與現代，就是京都車站給人的印象。挑高的現代車站內，有著疏散人潮的動線設計，運用大量玻璃和鋼材的車站，帶給人簡潔的現代感。當一踏出京都車站後，卻又能感受到和大阪截然不同的街景，擁有自己專屬步調的京都車站，讓人感受到不同的氛圍。京都車站內提供了許多旅遊資訊供觀光客參考，還有兌換貨幣等服務，在觀光這一區塊上設想得相當用心。

京都車站外街景

Data

京都車站
◎ 京都綜合觀光諮詢中心：南北自由通路 2 樓
◎ 外幣兌換：大階段南側 8 樓
◎ 網址：www.kyoto-station-building.co.jp

京都車站

第一旭拉麵

　　每到中午用餐時間，第一旭拉麵前總會排起長長的人龍，足以證明它的超高人氣。用豬骨熬出來的湯頭，加上五十年老店自釀回甘的醬油，兩相加乘的結果，讓第一旭拉麵湯頭清爽中帶有獨特的香氣，搭配店家準備 Q 彈有嚼勁的麵條和大量蔥花，每吸入一口拉麵，甘甜的湯頭依附著麵條一同進入口中，十分滑順的口感伴隨著青蔥的香氣，同時再咬一口軟嫩叉燒，那溫暖又滿足的感覺，直到喝完最後一口湯汁都還讓人意猶未盡。

第一旭拉麵

鋪滿大量的蔥花

清甜的湯頭

Data

> 第一旭拉麵
> ◎ 地址：京都府京都市下京區東塩小路向畑町 845
> ◎ 營業時間：上午 05:00 ～凌晨 02:00
> ◎ 公休日：周四
> ◎ 網址：www.honke-daiichiasahi.com

清水寺

　　來到京都，一定不能錯過清水寺。在櫻花盛開期間，清水寺總是擠滿了來朝聖的遊客，由漂亮的櫻花點綴著被列為

清水寺

櫻花圍繞的清水寺

三重塔

戀愛占卜石

世界遺產的清水寺，讓原先帶有莊嚴氣息的清水寺，似乎也被這片粉色妝點得更為綺麗。尤其從清水舞台上往遠方眺望，大片的櫻花林賦予原本翠綠的山景新樣貌，不再只有單一的青翠景色，而是豐富美麗又多變的風貌。遊客所立足的清水舞台，來頭更是不小，這座由 139 根木頭所組合，利用精深的木頭鑲嵌技術，不使用任何一根釘子建造出高達 12 公尺的清水舞台，是連現今的建築師都不禁要驚嘆的工法。

清水寺門票

Data

清水寺
◎ 地址：京都府京都市東山區清水 1 丁目
◎ 開放時間：06:00 ～ 18:00（開放時間會因為時節而有所變動）
◎ 網址：www.kiyomizudera.or.jp

三年坂

　　三年坂主要是連接清水坂和二年坂的石坂路，聚集許多販賣京都手工藝品的店家，像是做工精細的扇子、手帕、梳子等，深受女性喜愛的京都小物，在三年坂這條街上都可以找到。三年坂還有一個有趣的傳言，如果不小心在三年坂上跌倒，可能只剩下三年的壽命，也因為有這些流言，讓三年坂增添了神祕的氛圍。

三年坂

祇園

　　祇園現在保存下來的許多建築，還可以看到當時江戶時代所遺留下來的影子，以及殘留一點當時繁華花街的味道。也因為這層神祕的面紗，讓祇園成為觀光客來到京都必訪的一個景點。濃厚的京都風味和神祕優雅的藝妓，都是祇園高人氣的原因所在。碰到櫻花盛開的季節，円山公園的垂櫻和八坂神社更是人氣景點。如果預算充足，不妨在祇園裡變身成藝妓吧！穿著傳統和服漫步在花見小路上，看著兩旁帶有江戶時代味道的街景，確實會有時光倒流的錯覺。

夜晚的祇園

祇園街景

花見小路

花見小路那充滿江戶味道的街景，就像是祇園的濃縮版一般，瀰漫著濃濃的日式風情。白天的花見小路，靜謐的矗立在一旁，街道上最常出現的，就是拿著相機的觀光客。到了夜晚，原本安靜的街道像是甦醒了一般，料理亭一家家掛上暖簾，商家 2 樓的蟲籠窗紛紛透出微光，彷彿把人拉回了江戶最繁華的時期。

花見小路　　　　　　　濃濃日式風情的街道　　　　　　傳統的料理亭

花見小路的街景

八坂神社

　　逛完了祇園，一定要順道來一趟八坂神社。每到櫻花綻放的季節，八坂神社所舉辦的夜間慶典，那綿延兩旁的攤販，不時散發出誘人的食物香氣。而櫻花樹下放眼望去全都是來賞花的遊客，不管是家族聚會，還是公司聚餐，大家一邊喝著小酒、一邊開心的談天，現場氣氛 high 到就像是演唱會的現場。除此之外，八坂神社也是舉辦日本三大祭典「祇園祭」的場所，每年舉辦祭典時那浩大的聲勢和熱鬧的景象，一定要親自到訪才能體會那份感動。

舞殿

Data

八坂神社
◎ 地址：京都市東山區祇園町北側 625 番地
◎ 網址：web.kyoto-inet.or.jp/org/yasaka

八坂神社

八坂神社中賞花的遊客

円山公園

　　從八坂神社一路往前走，途中可以看到一株超大的枝垂櫻，那是一株樹齡已超過 70 多歲的櫻花，就位在円山公園裡。當夜幕完全升起，四周打在櫻花樹上的燈光，就像是明星那般耀眼，也帶有一點淡淡的孤寂感。每當櫻花盛開之際，枝垂櫻的周圍總是聚集了五、六圈以上想留下枝垂櫻身影的遊客。

枝垂櫻

路線二：迷人先斗町小巷

【行程規劃】：鴨川 >> 先斗町 >> 哲學之道 >> 銀閣寺 >> 下鴨神社 >> 金閣寺

鴨川

隨著微風起舞的楊柳，倒映在清澈的鴨川上，三兩的遊客坐在鴨川旁，或許聊天，也或許靜靜欣賞著河岸的風景。鴨川，就是這麼讓人感覺舒適的地方。如果在櫻花盛開的時節來到鴨川，換上美麗的和服，漫步在櫻花繽紛的鴨川旁，那美不勝收的景色，就像是為你專屬打造的偶像劇情節。

鴨川

鴨川景色

先斗町

先斗町

想像一下在靜謐的小巷中，探訪充滿濃厚的京都風情，每一次的轉彎都有新發現，永遠不知道下一個轉角會找到什麼新事物。不管是神祕的玄關、古老的招牌、屋瓦上的紋章，或是透露出淡淡昏黃光線的窗格子，每一個細節、每一間建築都是一份驚奇和讚嘆，讓人想不沉醉在先斗町的巷弄中都很困難。想看看最原汁原味的京都風味嗎？那就放下旅行攻略，來先斗町的巷弄中迷路一下吧！

先斗町的料理亭外觀　　　　先斗町的街景　　　　先斗町的一角

哲學之道

　　哲學之道是條距離不長的綠色小徑，一旁就是潺潺流過的小溪。看似再簡單不過的綠蔭隧道，只要一到 3、4 月櫻花綻放的季節，本來的翠綠小徑馬上蛻變成充滿粉色氣息的櫻花小道。由哲學之道徒步往前走約 10 分鐘，就是京都另一個人氣景點——銀閣寺。帶有濃厚文學氣息的小徑，讓人想徜徉在綠色的光影下，悠閒地享受一個人沉靜的時光。

哲學之道

銀閣寺

　　一進到銀閣寺內，就可以看到高聳的綠色圍牆——銀閣寺垣，如迷宮一般的設置，讓走進園內的遊客像到訪另一個不同空間。穿過「銀閣寺垣」走到銀閣寺園內，先映入眼簾的是兩座砂礫造景——銀沙灘、向月台，第一次看到像流水的砂礫布置而成的庭院，與周圍的松樹、造景石互相襯托而成一個富有禪味的庭園景觀，讓人不自覺就陷入日式禪宗的氛圍中。

銀閣寺

Data

銀閣寺
◎ 地址：京都市左京區銀閣寺町 2
◎ 開放時間：夏季（3 月 1 日至 11 月 30 日）08:30 ～ 17:00，
　　　　　　冬季（12 月 1 日至 2 月底）09:00 ～ 16:30
◎ 網址：www.shokoku-ji.j

銀閣寺的庭院

向月台

下鴨神社

　　看到入口處紅色的大型鳥居，是下鴨神社顯眼的標示。一樣被列為世界遺產的下鴨神社，廣大的占地空間，散發出一股幽靜的氛圍。當中最吸睛的，是吸引眾多遊客拍照的舞殿和橋殿。而下鴨神社的結緣御守，也深受當地女性歡迎，難怪不論什麼時候，下鴨神社總是聚集了滿滿的人潮。來到下鴨神社，除了可以求個好姻緣之外，每到盛大的葵祭舉辦期間，從各地來朝聖的遊客，更是將占地廣闊的下鴨神社擠得水洩不通。

Data

下鴨神社
◎ 地址：京都市左京區下鴨泉川町 59
◎ 開放時間：06:30 ～ 17:00
◎ 網址：www.SHIMOGAMO-jinja.or.jp

紅色的鳥居

朱紅色的樓門

下鴨神社　　　　　　　　　　　　　　　　　　舞殿

金閣寺

　　參觀完了銀閣寺，金閣寺當然也要去拜訪一番。一樣被列為世界遺產的金閣寺，在陽光的揮灑之下，閃耀著讓人驚嘆的金光。前方的綠色湖泊倒映出水上蜃樓，波光粼粼中帶點不真實的美感，和背後翠綠的山景互相呼應，成為讓人印象深刻的一幅畫。而金閣寺所販售的名產，也呼應著金箔的主題，當中的伴手禮金箔綠茶，是許多觀光客人手一袋的人氣商品，看完金光閃閃的樓宇，誰不想一邊喝著飄有金箔的綠茶，一邊延續那份金色的感動呢？

Data

金閣寺
◎ 地址：京都寺北區金閣寺町 1
◎ 開放時間：09:00 ～ 17:00
◎ 網址：www.shokoku-ji.jp

金閣寺

路線三：綠意遍布嵐山站

嵐山站

想要一探最有綠意的京都，嵐山一帶是不可錯過的行程。從大阪出發前往嵐山，可以先搭乘「御堂筋」線在「西中島南方」站下車，走出車站後直接轉搭「京都線」在「桂」站下車，最後再轉車到「嵐山」站下車，就可以抵達著名的景點嵐山。

和參觀古寺廟、神社等探訪懷舊京都風味不同，在嵐山，你可以漫步在渡月橋享受徐徐的微風；或是在最熱鬧的街道找尋精緻的京都小物來作為伴手禮；又或者是在炎熱的夏日中，一邊吃著由豆腐做成的霜淇淋，一邊在避暑隧道竹林之道悠閒漫步；跟著人群來到天龍寺一窺曹源池那讓人驚嘆的庭園造景；不管是哪一個景點，都帶給人不同的感動和滿足。來到京都，一定要來一次嵐山，體驗夏日嵐山帶給你最具魅力的京都綠意風情。

阪急嵐山線電車

嵐山地圖（F.R. AC.）

學生校外郊遊

寬闊的景色

傳統人力拉車

熱鬧的商店街

【行程規劃】：渡月橋 >> 嵐山ちりめん細工館 >> 繭村 >> 古都芋本鋪 >> 竹林之道 >> 野宮神社 >> 天龍寺 >> 曹源池 >> 稲

渡月橋

　　從嵐山站一出站，步行不用 10 分鐘，映入眼簾的就是跨越桂川的渡月橋。彷彿是要帶走夏日的暑氣般，渡月橋在 5、6 月的時候，陣陣微風不時吹拂。看著校外教學的學生開心地在渡月橋前合照，一旁還有當地居民在橋堤旁散步，如此愜意的景象，讓渡月橋展現了最美麗的夏日光輝。

渡月橋

ちりめん細工館

　　從渡月橋往最熱鬧的商店街走，有一段距離不長，卻聚集了許多販賣京都小物及精緻手工藝品的商店，而ちりめん細工館是當中很熱門的手工藝品店。ちりめん在日本被視為一項工藝，店內也放置了琳瑯滿目可愛的商品，從貓咪、金

京都風味小物

ちりめん細工館

可愛的壽司造型

魚等人氣動物，到迷你蔬菜、壽司造型的ちりめん裝飾品，種類之多讓人目不暇給。精巧的做工和可愛的外型，總是吸引大批的遊客進入店內參觀購買。

Data

> ちりめん細工館
> ◎ 地址：京都市右京區嵯峨天龍寺造路町 19-2
> ◎ 營業時間：10:00 ～ 18:00
> ◎ 網址：www.chirimenzaikukan.com

繭村

繭村

在商店街上另一家特別的手工藝商店──繭村，正如店名所形容，繭村店內的商品都是由蠶繭加工而成，不管是可愛的小鳥、生氣蓬勃的 12 生肖，還是富有禪味的水中錦鯉，讓人佩服老闆的巧手和豐富的創造力。繭村的老闆娘也十分好客，親切地要我們慢慢參觀，是一家獨具特色、人情味又濃的手工藝品店。

獨具巧思的蠶繭工藝品

繭村的擺飾

Data

> 繭村
> ◎ 地址：京都市右京區嵯峨鳥居本化野町 12-11
> ◎ 營業時間：09:00 ～ 17:00
> ◎ 網址：www.mayumura.com

古都芋本鋪

在竹林之道入口處附近，有一家專門販賣芋菓子與和風甜點的店，提供旅客在疲憊之時，可以慢慢享用甜點來恢復元氣。其中要特別推薦的，是由四種口味所組成的綜合霜淇淋。這項人氣單品，由抹茶、原味等四種不同口味互相搭配，分開吃各有自己獨特的味道，混合吃卻又意外的順口，愛吃霜淇淋的朋友，來到古都芋本鋪記得嚐一嚐這專屬於嵐山味道的霜淇淋唷！

古都芋本鋪

Data

古都芋本鋪
◎ 地址：京都市右京區嵯峨天龍寺立石町 2-1
◎ 營業時間：09:00 ～ 18:00

綜合霜淇淋

竹林之道

這是柴貓在嵐山之行中，很喜歡的一個景點。天然形成的竹林隧道，儼然就是夏天最佳的避暑勝地。就像是迷宮一般，高聳的竹林佇立在兩旁，走在竹林之中，炎熱的暑氣頓時全消，只感受到涼爽的氣息；和朋友一同散步在這綠色的涼意之中，感覺世俗的吵雜全部消失似的，只剩下舒暢平靜的心靈。

竹林之道

夏日的避暑勝地

翠綠的竹林

黑木鳥居

野宮神社

野宮神社

竹林之道順著指標走，一看到黑木鳥居就已經抵達野宮神社。野宮神社的黑木鳥居是現今日本最古老的鳥居之一，非常稀有且特別。而神社周圍環繞的大片竹林，讓隱匿在竹林裡的野宮神社，增添了一份神祕靜謐感。許多人穿過竹林之道，一定會繞到野宮神社看一眼古老的黑木鳥居，參觀座落在竹林之中的野宮神社，淨化內心的城市喧囂。

Data

野宮神社
◎ 地址：京都市右京區嵯峨野野宮町 1
◎ 開放時間：09:00 ～ 17:00
◎ 網址：www.nonomiya.com

天龍寺

被列為世界遺產的天龍寺，擁有極具禪意的建築主體，和讓人驚艷的庭園曹源池。在櫻花盛開的時節，粉嫩的花瓣隨意落下，漫步其中也圍繞了一層芳芳；到了秋天楓葉轉紅的季節，那一眼望去布滿鮮紅的感動，讓人久久無法忘懷。天龍寺不管在哪個季節，都擁有最美的面貌等著遊客造訪。

天龍寺

天龍寺內的大方丈

曹源池

　　位在天龍寺之中的曹源池，是頗具知名度的京都庭園，柴貓第一次看到曹源池的景色就深受感動。5 月的曹源池，雖然少了粉色櫻花和鮮紅楓葉點綴，但是翠綠的庭園，搭配被風吹起陣陣波紋的的池子，坐在走道上一邊享受著微風輕撫、一邊欣賞著如畫的絕景，那樣放鬆安靜的感動，直到現在回想起來，似乎還縈繞在眼前久久不散。

曹源池

絕美的庭園景色

稻

　　從天龍寺一走出來就可以看見人氣名店——稻，這是一家提供餐點和甜品的複合式餐廳。擁有上下兩層樓的稻，在 2 樓專賣夏日消暑甜品，有著道地的宇治綠茶冰品，十分受到遊客喜愛。稻的抹茶冰品系列，甜中帶著綠茶特有的微苦感，讓不愛吃甜食的人也能輕鬆入口，豐富的配料更是高人氣的原因所在，除了綿密的紅豆、香甜的栗子，最後再加上一球抹茶冰淇淋，絕妙的好滋味令人不愛上都很困難。

Data

稻
◎ 地址：京都府京都市右京區嵯峨天龍寺造路町 19
◎ 營業時間：10:00 ～ 18:00

稻的抹茶冰品

神戶一日遊

　　徐徐的海風迎面吹來，一面看著讓人放鬆的海景、一面品嘗最道地的甜點，這就是神戶迷人的特色所在。由大阪抵達神戶的方式很簡單，只需要搭乘「JR」或「阪急神戶線」抵達「三宮」站後，就可以開始探訪神戶這個迷人的城市。

　　至於玩樂路線安排，柴貓推薦先搭乘循環觀光巴士 City Loop 抵達北野異人館，參觀帶有濃厚西方色彩的各式洋房；再漫步到神戶港附近，一看帶有歐式風格建築的舊居留地；當你感受到微鹹的海風和那揮灑下來的溫暖陽光，表示已經走到了神戶最棒海景觀賞處神戶港，神戶港旁的美利堅公園、中突堤港塔、shopping 商城 Mosaic 也都是不能錯過的景點；最後在走回車站之前，順路去一趟南京町，體驗一下讓人熟悉卻又帶點日式風味的中華街。被海景和甜食包圍的城市，這麼迷人的神戶怎麼能不來看看呢？

【行程規劃】：北野異人館 >> 舊居留地 >> 神戶港 >> 南京町 >> 觀音屋 >> 鐵人 28

三宮駅

阪神電車 三宮駅

神戶一景

神戶街景

循環觀光巴士 City Loop

三宮駅外建築

十分方便的 City Loop

帶有異國味道的建築

北野異人館

　　北野異人館是通稱，也就是風見雞館、萌黃館等各種館別合在一起，叫做北野異人館。

　　位在北野的異人館，是神戶著名的旅遊景點之一。所謂「異人」，在日文中是指外國人之意，早期在神戶北野這個區域，定居了許多來神戶經商的外國人，又因為國籍和文化的不同，而建造許多帶有濃厚文化色彩的洋房，北野異人館的名稱由此而來。現在北野異人館約有十五個館開放，提供一般民眾參觀，不過大部分的別館都需要收取門票，想要精簡預算的人，可以購買套票或挑選有興趣的館別前往參觀即可。

Data

北野異人館
◎ 交通：地下鐵「三宮」站下車後，於東口 8 號出口方向望去，可以看到 City Loop 循環巴士；搭巴士下車後，步行 5 分鐘就可以抵達異人館了。

風見雞館

　　一看到屋頂上的風向雞，和獨棟的歐式紅磚洋房，就知道抵達了風見雞館。風見雞館是於 1909 年由德國的貿易商所

風見雞館門牌

建造的家，屋內不管是椅子、沙發，還是在角落的裝飾燈，都可以感受到十九世紀的復古味，給人一種時光倒流的感覺。

風見雞館

風見雞館內的擺設

Data

風見雞館
◎ 地址：兵庫縣神戶市中央區北野町 3-13-3
◎ 參觀時間：09:00 ～ 18:00
◎ 網址：www.kobe-kazamidori.com

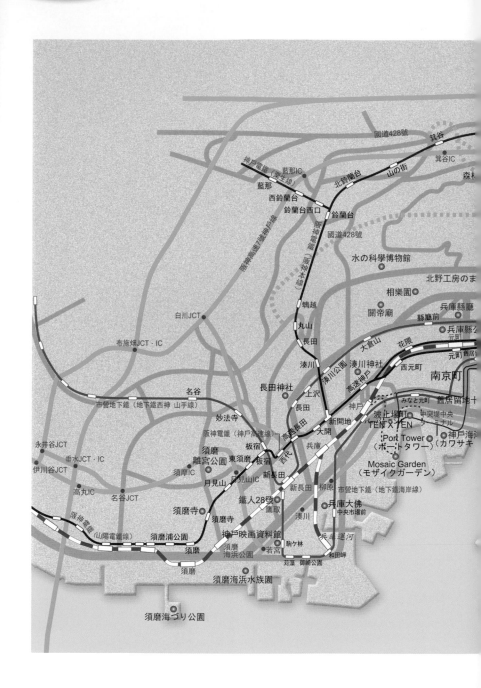

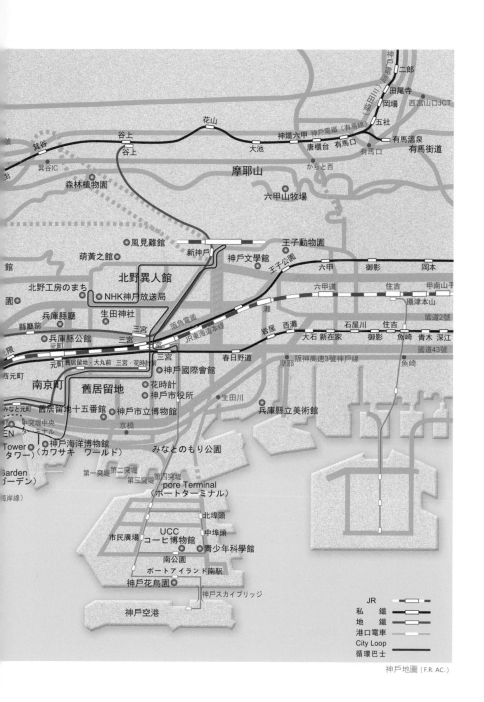

神戶地圖 (F.R. AC.)

萌黃之館

在風見雞館旁，另一棟淺綠色外觀、建築略帶有童話風格的就是萌黃之館。萌黃之館原本為美國領事官的住所，屋內的擺設呈現溫馨風格，除了有招待外賓的客廳之外，居家臥房和小孩的遊戲木馬也都展示在遊客面前。萌黃之館內很值得一看的，是位在通風處的陽台；在炎熱的夏日中，徐徐的微風從樹梢間吹拂過來，從歐風的窗欄往外看去，十分具有異國的風味。如果想要同時參觀風見雞館和萌黃之館的話，選擇購買兩館的套票組合，可以省下100日圓的門票費。

Data

萌黃之館
◎ 地址：兵庫縣神戶市中央區北野町 3-10-11
◎ 參觀時間：4 至 11 月 09:00 ～ 18:00，12 至 3 月 09:00 ～ 17:00

讓旅客休憩的陽台

萌黃之館

萌黃之館館內

萌黃之館的小孩房

魚鱗之家

獨特的外牆與特殊的外型，與中庭前一隻坐臥的山豬，這麼獨特的搭配，讓人無法忘記此處就是魚鱗之家。原是提供給早期來神戶經商的外國人臨時租屋的房子，所以館內不管是擺飾，還是家具，都帶有濃濃的古典美感，內部裝潢處處可以看到高雅的瓷器和精細雕刻的藝術品，喜歡古典藝術品的人千萬別錯過。

Data

魚鱗之家
◎ 地址：兵庫縣神戶市中央區北野町 2-20-4
◎ 參觀時間：09:00 ～ 18:00

萊茵之館

　　想要參觀異人館卻又擔心超出預算嗎？那就來一趟萊茵之館吧！萊茵之館是開放參觀的館別中，少數不用購買門票的。簡潔的木造建築，在四周環繞的綠蔭搭配下，呈現南歐獨特的溫暖調性，逛累的旅客除了可以在 1 樓的休息室稍微休憩之外，也別忘了到 2 樓好好欣賞雅致的庭園景色。

Data

萊茵之館
◎ 地址：兵庫縣神戶市中央區北野町 2-10-24
◎ 參觀時間：09:00 ～ 18:00
◎ 網址：　www.kobe-kazamidori.com

舊居留地

　　充斥著濃濃西方色彩的舊居留地，也是神戶著名的街景之一。舊居留地保留了早期的西式建築，就像被時間遺忘般矗立在現代街道上。如今也進駐了許多時下流行的商店或精品店，形成了新舊融合的有趣景象。

舊居留地

神戶港

　　在神戶觀看海景最熱門的地方，就屬神戶港。你可以從元町站下車，直接散步到神戶港口，遠眺著一望無際的海平面，迎面吹著海風忘記城市的喧囂，享受屬於自己的夏日寧靜；或者登上高約 108 公尺的 **Port Tower**，俯瞰 360 度全

景視野；而一旁白色的網狀建築，則是神戶的海洋博物館，館內介紹神戶港相關的歷史，和神戶大地震後重建的資料。來港邊走走，不但可以享受美麗的海景，還可一次探訪這麼多迷人景點，到訪神戶怎麼可以不去神戶港走一趟呢？

神戶港

美麗的海景

神戶港的夜景

Port Tower

Port Tower

只要一抵達神戶港，馬上就會看見顯眼的紅色 Port Tower，全長約 108 公尺，就像是鮮紅色火炬一樣轟立在神戶港邊。雖然高度和其他觀景塔相比，不是特別突出，但在 5 樓的瞭望台，除了可以看見 360 度全景的神戶港海景，另一端翠綠相連的六甲山也可一覽無遺，是一次將神戶景色盡收眼底的最佳位置。

Data

Port Tower
◎ 地址：兵庫縣神戶市中央區波止場町 5-5
◎ 開放時間：3 至 11 月 09:00～21:00，12 至 2 月 09:00～19:00
◎ 入場費用：600 日圓
◎ 網址：www.kobe-meriken.or.jp/port-tower

神戶海洋博物館

就像是互相呼應似的，神戶海洋博物館以全白的網狀建築，座落在鮮紅色 Port Tower 旁。Port Tower 和神戶海洋博物館是美利堅公園內最顯眼的建築物，遊客來到美利堅公園一定不能錯過這一紅一白的建築地標。在海洋博物館內，詳細記載了神戶港的歷史和 1995 年神戶大地震之後的相關資料，讓到神戶港參觀的遊客，不僅眺望美麗的海景，也能更進一步了解神戶港的相關歷史。

Data

神戶海洋博物館
◎ 地址：兵庫縣神戶市中央區波止場町 2-2
◎ 開放時間：10:00 ～ 17:00
◎ 休館日：周一
◎ 入場費用：500 日圓
◎ 網址：www.kobe-meriken.or.jp/maritime-museum

神戶海洋博物館

Mosaic

Mosaic 是一間複合式購物商城，結合了餐廳和各式商店，非常受到情侶和觀光客的喜愛。你可以在神戶港欣賞完海景之後，走到 Mosaic 挑選喜愛的紀念商品；逛累了想要休息一下，可以到 Mosaic 內的餐廳一邊享受美味的晚餐、一邊欣賞浪漫的夜景。Mosaic 內也有販賣超人氣的甜點，像是神戶フランツ和觀音屋的起士蛋糕，在商店街中都可以找到。Mosaic 旁有一個迷你的遊樂園 Mosaic Garden，大部分的遊樂設施雖然是為小朋友所設置，但樂園內最吸睛的摩天輪，卻是情侶約會的首選。搭乘摩天輪可以一覽神戶美麗的夜景，在絕佳的位置欣賞神戶港最美的景致，為當日的神戶行劃下完美的句點。

Data

Mosaic
◎ 地址：神戶市中央區東川崎町 1-6-1
◎ 開放時間：11:00 ～ 22:00
◎ 網址：kobe-mosaic.co.jp

Mosaic Garden 摩天輪

夜晚迷人的摩天輪

南京町

南京町

　　從 JR 元町火車站步行約 5、6 分鐘，可以找到一條擠滿了人潮和攤販，中華味十足的南京町。整條南京町範圍雖然不大，中華小吃卻應有盡有；不管是熱騰騰的肉包、香酥春捲，還是美味的刈包，這些美食都可以在南京町內找到。

Data

南京町
◎ 地址：JR 神戶線或阪神電車在「元町」站下車後，步行約 5、6 分鐘。
◎ 網址：www.nankinmachi.or.jp

觀音屋

觀音屋

　　在前往 JR 站的路上，有一家從 1975 年就開始營業的觀音屋，裡面販賣吃了會流淚的美味起士蛋糕，深受許多老饕喜愛。起士淡淡的鹹味搭配上下層海綿蛋糕的甜蜜口感，令人感動的二重奏就在口中蔓延開來。美味的證明只要看到牆上滿滿的名人簽名，就可以知道受歡迎的程度了。

牽絲的起士蛋糕

Data

觀音屋
◎ 地址：兵庫縣神戶市中央區元町通 3-9-8
◎ 營業時間：11:00 ～ 22:00
◎ 網址：www.kannonya.co.jp

鐵人 28

　　喜歡鐵人 28 的粉絲，逛完元町之後，別忘了搭乘 JR 線在「新長田」站下車，出站後依照指標步行約 200 公尺，就可以抵達若松公園一窺鐵人 28 的風采。自 2009 年 9 月 30 日開始，巨大又壯觀的鐵人 28，以 18 公尺原尺寸重現在若松公園中，目前仍是十分轟動的景點之一。

鐵人 28

Data

鐵人 28
◎ 交通：JR「新長田」站下車後，步行約 5、6 分鐘。
◎ 網址：www.kobe-tetsujin.com

奈良一日遊

奈良，擁有大片綠意沉靜又優雅的古都，是很適合假日放鬆心神的地方。來到奈良，除了探訪寧靜沉穩的寺廟之外，還有令人無法「忽視」的野生鹿群，追逐著觀光客手中的「鹿仙貝」，也是奈良有趣的景象之一。漫步在廣大的奈良公園，讓平常身處都市煩躁的心靈可以暫時鬆一口氣；走在舒服的綠蔭下，沿著指標前往東大寺，看一眼氣勢磅礡

充滿綠意的奈良

的奈良大佛；順道前往已有一千兩百多年歷史的春日大社去祈求平安，帶著一整天滿滿的收穫而歸。

【行程規劃】：奈良公園 >> 東大寺 >> 春日大社

奈良環狀公車路線圖（F.R. AC.）

奈良公園

奈良公園

當心鹿群的告示牌

現烤仙貝的攤販

一大片的綠意和沒有邊界的寬闊，是柴貓對奈良公園的第一印象。5 月多奈良的天氣十分涼爽，沒有都市給人喧囂吵雜的煩躁感；在奈良，放眼所見的就是綠意和寬廣的空間。當然，奈良公園裡，最顯眼的主角——奈良鹿，牠們的數量和活躍程度，讓人想忽視都很難。

柴貓是初次看到鹿群以野生放養的方式，開心散步在人行道上，一旁的汽車和野生鹿群同處在相同空間，真的很難讓人想像，沒有任何柵欄隔離，以最自然的方式讓野生鹿群和人們近距離相處。而且，這邊的鹿完全不怕人，如果你向路旁的小攤子，購買奈良鹿最喜愛的零食「鹿仙貝」的話，接下來發生的事情，會推翻你對鹿溫馴膽小的印象——完全不怕人的奈良鹿，為了吃到你手中的仙貝，會開始與你近距離接觸，成年的大型奈良鹿，站起來都快要有 60 ～ 70 公分高，當同時有四、五隻奈良鹿朝你「逼近」時，要不尖叫逃走實在需要很大的勇氣（笑）。

占地廣大的奈良公園，除了有不怕人的可愛奈良鹿之外，有名的寺廟「東大寺」、「春日大社」和「興福寺」都在奈良公園的範圍裡，走出 JR 車站之後，只需要在奈良公園中，沿著指標走就可以將奈良有名的觀光景點一口氣拜訪完畢。

Data

奈良公園
◎ 交通：搭乘「御堂筋」線抵達「難波」站，接著轉搭 JR 或近鐵奈良線抵達「奈良」站之後，走出「奈良」站後依照指示牌方向前進，步行約 8 分鐘就即可抵達奈良公園。

向遊客討鹿仙貝的奈良鹿

完全不怕人的奈良鹿

悠閒的奈良鹿群

東大寺

　　東大寺是聞名世界的木造建築，早在西元七百多年就運用精細的技巧，蓋出如此宏偉的寺廟，對於喜愛木造建築的人，是不能錯過的朝聖景點之一。而東大寺裡所供奉的尊毘盧舍那佛，則是世界上最大的銅座佛像，一入寺廟內馬上就可以看見如此莊嚴的佛像，那散發出的氣勢實在令人印象深刻。東大寺中還有特別值得一提的柱子，仔細在寺廟內尋找，會發現其中一根柱子有著約 7、8 歲小孩能爬過去的洞，聽說只要能順利鑽過那個洞，就能帶來好運。來到東大寺，除了一看莊嚴的大佛之外，也別忘了來沾點好運，尋找一下這根會帶來好運的柱子。

華嚴宗大本山東大寺

世界遺產東大寺

Data

東大寺
◎ 地址：奈良市水門町南院畑 82
◎ 交通：搭乘 JR 大和路線或近鐵奈良線在「奈良」站下車，轉搭巴士在「東大寺大佛殿」下車之後，再步行約 5 分鐘即可抵達東大寺。
◎ 網址：www.todaiji.or.jp

東大寺

東大寺內處處可見奈良鹿

帶來好運的柱子

人潮眾多的東大寺

寺內休息的奈良鹿

寺內一景

春日大社

被列為世界遺產的春日大社，也是很值得一看的景點。關於春日大社，有一個神祕的傳說，據說會建造春日大社，是因為有神祇騎著白鹿來到這邊，為此在這邊設立了春日大社。

世界遺產春日大社

春日大社的森林步道內，可以看見悠閒散步的奈良鹿在其間休憩。如果在 5 月初前後探訪春日大社，碰到紫藤花開花的季節，還可以觀賞優雅的紫色花海，帶有溫婉氣息的紫藤花垂落在眼前，後面映著朱紅色的神社，搭配金色和古青銅色的石燈籠，那色彩強烈的視覺感動，深深烙印腦海中，久久無法忘懷。

Data

春日大社
◎ 地址：奈良市春日野町 160
◎ 交通：搭乘JR大和路線或近鐵奈良線在「奈良」站下車，轉搭巴士在「春日大社表參道」下車之後，再步行約 10 分鐘即可抵達春日大社。
◎ 網址：www.kasugataisha.or.jp

綠意盎然

御朱印代

春日大社

盛開的紫藤花

金色和古青銅色的石燈籠

靜謐放鬆的空間

私房推薦行程

貴志站的人氣貓咪站長

　　台灣曾經報導過的人氣貓咪站長，在當時留給柴貓很深的印象。所謂的貓咪站長，就是一些地理位置比較遙遠的鐵路小站，該站的站長不是一般的站員而是毛茸茸的貓咪，這麼可愛的貓站長，當然要強力推薦一下。今天要介紹的，是位在和歌山貴志站的貓咪站長——小玉。

小玉站長的看板

　　小玉站長所「服務」的貴志站位於和歌山內，離大阪距離也不算遠，可以搭乘「JR阪和」線抵達「和歌山」站，在9號月台轉乘「貴志川」線抵達終點站「貴志」站即可。先介紹一下前往貴志站的電車，此處的電車依照發車時間不同，分為いちご電車（草莓電車）、たま電車（小玉電車）、おもちゃ電車（玩具列車），這三種電車不管是外觀，還是

Q版的小玉站長

休息中的小玉站長

小玉站長的牌子

超可愛的小玉電車

貓咪造型的椅背

小玉站長的模型

貓咪造型椅子

電車外繪製 Q 版小玉站長

和歌山站

充滿草莓圖案的椅墊

可愛的草莓電車

貓咪造型燈飾

內部布置，用心程度實在讓人驚豔。像是おもちゃ電車（玩具列車），除了擺放了各式玩具公仔，列車上還設置了扭蛋機，提供大、小朋友一同玩樂；いちご電車（草莓電車）內放眼望去都是草莓的影子，連座椅都布滿了一格格可愛的草莓圖案；而たま電車（小玉電車），除了列車外觀繪製上許多 Q 版的小玉，車頭還設計成貓咪造型，列車裡不管是燈飾、椅子，還是窗簾，都有小玉站長的影子；最可愛的是，列車中還設置了小玉站長專用站長室，運氣好的話還可以讓小玉站長陪同你一起享受這趟旅程呢！

備註：貴志站已於 2010 年 8 月 6 日整修完畢，重新搭建的站長室看起來更可愛了！

Data

貴志站
◎ 交通：先在「難波」站搭乘南海電鐵在「和歌市」站下車，接著轉搭 JR 線抵達「和歌山」站，在站內走到 9 號月台轉搭貴志川線，抵達終點站「貴志」站就可以了。
◎ 網址：www.wakayama-dentetsu.co.jp
◎ 貴志川線時刻表：timetable.wakayama-dentetsu.co.jp/pc/201104

京都的手創市集

　　你知道在日本也有所謂的創意市集嗎？位在京都的百萬遍知恩寺內，每個月都有舉辦這項活動。京都市左京區的大本山百萬遍知恩寺，每月 15 日有開放個人手作商品的展售，只要是自己手工製作的物品，都可以拿到這邊擺攤交流，所以像是手作的麵包、包包、木刻、貓咪繪畫，或是現場調製香水，各式各樣巧手的創意商品在此都可以找到，十分具有多樣性。想要前往百萬遍知恩寺的人，可以在京都車站搭乘 206 或 17 號巴士，在「百万遍」站下車之後，步行約 6 ～ 8 分鐘即可抵達目的地。手創市集的時間從早上九點到下午四點，不過還是建議早一點前往，除了能避開擁擠的人潮之外，還可以先把自己喜愛的商品挑選回家，在不同的國家看到不一樣的市集，是很棒的旅行體驗。

Data

京都的手創市集
◎ 地址：京都市左京區田中門前町 103
◎ 交通：在京都車站搭乘 206 或 17 號公車，在「百万遍」站下車之後，
　　　　步行約 6 ～ 8 分鐘即可。
◎ 網址：jodo.jp/290004/03

大本山百萬遍知恩寺

可愛的貓咪商品

和式風情的手工藝品

現場手繪的藝術家

人潮不間斷的手創市集

各式各樣的手創小物

療癒系的羊毛氈貓咪

Part

7

大阪怎麼吃
Foods & Restaurant

吃到飽餐廳
平民美食專區
零食推薦專區

吃到飽餐廳

SWEETS PARADISE

SWEETS PARADISE

巧克力噴泉

可口的水果蛋糕

自己切分蛋糕的大小

一塊蛋糕動輒就要價 700 ～ 800 日圓，讓愛吃甜食的人即使嘴饞，也不敢有所行動嗎？這邊推薦一家蛋糕吃到飽的店，讓愛吃甜點的人，只需要付划算的金額就能享用美味蛋糕。

SWEETS PARADISE 在心齋橋和梅田都有開設店面，這邊推薦位於梅田的店鋪。一進到這家店裡，紅色可愛的裝潢就呈現在眼前，店內坐滿了正在享用甜點的女生。店裡採取購買食券的方式，就算不熟日語的人也能輕鬆入店。大人用餐時間限時 80 分鐘，一個人是 1,480 日圓，划算的價錢簡直是佛心來著！ SWEETS PARADISE 店內隨時提供二十幾種蛋糕供消費者選擇，而且是讓消費者親自來切蛋糕，決定要吃多少的量。台灣大部分的蛋糕吃到飽，都由店員服務，為了避免浪費，切的蛋糕大小屬於「精緻」路線，但是隨顧客自己決定蛋糕大小，這一點對甜點迷來說真的很加分。

除此之外，披薩、義大利麵、咖哩等鹹食料理，也都放在吧台供人拿取，不是採取固定出餐時間，用餐感覺也更輕鬆；另外，像是巧克力噴泉和各式飲料，SWEETS PARADISE 也沒有少。如果想幫朋友慶生，店員還會幫忙一起唱生日快樂歌，這麼貼心的蛋糕吃到飽餐廳，愛吃甜食的人怎麼可以錯過呢？

店內可愛的裝潢

受到女性顧客的喜愛

Data

SWEETS PARADISE
◎ 地址：大阪府大阪市北區角田町 5-1 梅田樂天地ビル 2F
◎ 營業時間： 10:30 ～ 21:30
◎ 網址： www.sweets-paradise.jp

蛋糕口味多達二十幾種

Shakey's

　　另一家要推薦的餐廳，是位在心齋橋筋上的披薩吃到飽——Shakey's。隱身在 2 樓的 Shakey's，逛街時很容易一不注意就錯過了，但是店內舒服寬敞的用餐空間，很受附近上班族和學生的喜愛。這裡的消費方法採取餐點計時吃到飽，而飲品部分額外付費。Shakey's 主打口味多樣性的披薩，當然也提供義大利麵、咖哩或薯餅等附餐，讓客人選擇。柴貓覺得 Shakeys' 值得推薦的一點是，披薩的口味重複性較低，讓消費者能在限定的用餐時間內，品嘗到各種不同口味的披薩，是個適合朋友歡樂聚餐的好地方。

Shakey's

Data

Shakey's
◎ 地址：大阪府大阪市中央區南船場 3-10-11 Dplus 心齋橋ビル 2F
◎ 營業時間： 11:00 ～ 23:00
◎ 網址： shakeys.jp

寬敞的用餐空間

小朋友喜愛的咖哩口味

披薩口味十分多元

ミティラー

　　位在難波的ミティラー，隱身在美食一級戰區的 2 樓，如果不仔細找，還真的很難發現這家店。一入座後，服務生會先來詢問客人需要幾人份的烤餅，等送上剛烤好的烤餅後，就可以自己到食物吧台取用美味的料理。店內通常會供應三種咖哩、多汁的烤雞腿，以及酸奶、洋蔥等配料，讓客人自行搭配享用；飯後甜點椰汁西米露也做得十分道地。整體用餐環境還不錯，咖哩帶有濃厚的香料味道也很美味，尤其是烤到帶點焦香的雞腿，混合著印度香料風味更是一絕，在大阪想吃吃看異國料理，不妨來一趟ミティラー吧！

Data

> ミティラー
> ◎ 地址：大阪市中央區道頓堀 1-6-14 平松扇屋ビル 2F
> ◎ 營業時間：午餐 11:00 ～ 15:00（平日）、11:00 ～ 16:00（假日），
> 　　　　　　晚餐 17:00 ～ 23:00

ミティラー

店內用餐環境

多口味的道地咖哩

香味四溢的烤餅

多汁的烤雞腿

隨意取用的佐料

平民美食專區

えびす鯛

えびす鯛

深受大家喜愛的鯛魚燒，在難波地下街的えびす鯛卻有創新的口味。除了基本款紅豆、奶油內餡之外，根據季節不同，還推出草莓和櫻花等新穎口味，而且不只有甜的口味，連大阪燒都變成內餡放入鯛魚燒，顛覆雕魚燒只有固定口味的單一印象。鯛魚燒香酥的外皮，搭配大阪燒豐富的餡料，美味又獨特的新食感，讓這款鯛魚燒成為該店的人氣商品。

大阪燒口味的鯛魚燒

Dolphin

Dolphin

位在心齋橋筋上的 Dolphin，是柴貓常光顧的甜點店。除了主打商品脆皮泡芙之外，炎炎夏日一定要來杯焦糖牛奶霜淇淋，霜淇淋淋上大量略帶苦味的焦糖，再撒上帶有濃厚肉桂香氣的餅乾，一起放入口中那甜蜜的滋味，滋潤了甜食愛好者的心。

焦糖牛奶霜淇淋

Beard Papa's

Beard Papa's

台灣有開設分店的 Beard Papa's，在大阪也是人氣很高的泡芙店，每次經過時，烤箱所散發出香甜的烤泡芙味，讓人總是忍不住多聞一下。而 Beard Papa's 所推出期間限定口味，也是甜點迷不能錯過的單品；像是春天時推出的巧克力泡芙，濃郁香甜的巧克力內餡，搭配鬆軟酥脆的外皮，一起放入口中就甜到化不開的滿足，只有親自品嘗才能了解那香甜的美味。

期間限定口味

宇治園 茶の彩

宇治園 茶の彩

頗具知名度的小佳女和火男，是宇治園裡的招牌人物。專賣茶類相關商品的宇治園，所推出的抹茶霜淇淋，醇厚的茶香中混合了霜淇淋的順口，香甜味道裡另帶有抹茶獨特的微苦，讓不愛吃甜食的人，也可以輕鬆品嘗這種好滋味。

抹茶霜淇淋

零食推薦專區

　　大阪除了有數不清的美味料理之外，就連在超商所買到的零食，美味程度也直逼專家等級，不管是獨特口感，還是美味調味，每一樣都吃得出研發者的用心，接著就來介紹幾款美味的零食。

ROYCE' POTATOCHIP CHOCOLATE

　　這一款超人氣的巧克力洋芋片，甜而不膩的口味，征服了許多甜食族的胃。每一片洋芋片上，正面都沾裹了濃郁的巧克力醬，而另一面所帶有的淡淡鹹味，更襯托出巧克力的味道，順口的絕妙搭配，是 ROYCE' POTATOCHIP CHOCOLATE 人氣居高不下的原因。

ROYCE' POTATOCHIP CHOCOLATE　　沾裹了濃郁的巧克力

ダイエット　ビスケツト和ダイエツトサプリ　キヤンディ

　　推薦給深夜嘴饞卻又怕體重上升的女孩們，這兩款低熱量的深夜零食。Meiji 所推出的ダイエツト　ビスケツト，包括原味和黑芝麻兩款口味，號稱一片餅乾只有 17 大卡，深夜吃也不會有太大的罪惡感。ダイエツトサプリ　キヤンディ則是聲稱吃了會增加飽足感的糖果，柴貓買的是奇異果口味，味道當然和真正的奇異果糖果有些差異，不過吃得到顆粒的口感，有興趣的朋友們可以買來吃吃看。

多樣化的低熱量食物 ダイエット ビスケット和ダイエットサプリ
キャンディ

ケーキドーナツ

　　喜歡吃甜甜圈的人又懶得跑到專賣店購買，這邊推薦
一款在超商就能買到的ケーキドーナツ。一口咬下那紮實又
綿密的口感，搭配甜甜圈上薄薄一層糖霜，一份包裝內就附
上了原味和巧克力兩種口味，只要再配上一杯冰涼的紅茶，
幸福的下午茶簡單輕鬆就可以享受到。

ケーキドーナツ　　　　　　　　　綿密的原味　　　　　　　　香甜的巧克力口味

カステラ　ドーナツ

　　另一款蜂蜜甜甜圈，是柴貓補貨了好幾次的超值零食。
一份包裝內含 5 個甜甜圈，只要 100 日圓，那溼潤的口感搭
配甜甜的蜂蜜味道，鬆軟易入口的優點，讓人一吃嘴巴就停
不下來，是便宜又美味的甜點推薦。

カステラ　ドーナツ　　　　　　方便攜帶的包裝　　　　　　溼潤香甜的口味

辛いんデス

如果你偏愛重口味，或是想在小酌時有樣順口的下酒菜，辛いんデス絕對是大推薦的！一打開包裝就可以聞到濃郁的魷魚味道，被做成魷魚形狀的餅乾裹上厚實的調味料，吃一口就讓人停不下來。分為原味和辣味兩種口味，不管是哪一種，都是重口味偏好者值得一試的零食推薦。

辛いんデス

深夜的消夜組合

生キャラメルバー

炎炎夏日，誰不想來一根消暑的冰棒退退火氣呢？這一款外表看似普通，卻讓人驚奇連連的冰棒，美味程度攻下了柴貓甜點排行榜前 5 名。當你咬下第一口，裡層濃郁的焦糖內餡便流了出來，外層滑順的冰棒搭配香甜的焦糖內餡，讓第一次吃到生キャラメルバー的柴貓，以不到 1 分鐘的速度品嘗完這美味滿點的冰棒。

生キャラメルバー

順口的焦糖內餡

プリン　スティツク

　　森永推出了一款布丁口味的冰品，最外層是帶了酥脆口感的牛奶糖外衣，一口咬下，裡層包覆了布丁冰淇淋和派皮的雙重口味，讓吃冰不單單只有口味上的變化，而是結合了味覺和口感的雙層享受。這樣的美味在超級市場只賣 69 日圓，讓品嘗美味冰品變得更輕鬆方便。

プリン　スティツク　　　　　　脆皮的牛奶糖外衣　　　　　　多層次的口感

ごつ盛り　ソース燒そば

　　泡麵在日本市場占有很大的消費族群，除了各家廠商不停推出新的口味之外，顛覆一般人對泡麵的創新吃法，也是日本泡麵受歡迎的原因之一。像是這款炒麵式的泡麵，為了能重現炒麵所帶來的濃郁口味，在醬包中竟然附了一包美乃滋，讓消費者依照自己的喜好隨意添加。用熱水沖泡好的彈性麵條，搭配濃郁醬汁和美乃滋，那香醇的口味，就像是剛從麵攤買回來的炒麵一樣。

ごつ盛り　ソース燒そば　　　　附上美乃滋醬包　　　　　　濃郁的口味

Part 8

生活便利通
Facts For The Visitors

實用資訊
緊急應變

實用資訊

如何寄件回家

　　想將在大阪滿滿的回憶分享給台灣親友，寄一張明信片是最好的方式。你只需要在郵局購買一張 70 日圓的郵票，貼在寫好的明信片上，投入寫有「航空郵件」的郵筒即可。

　　另外像是想要郵寄包裹回台灣，可以直接在郵局購買專用的紙箱和索取郵寄單，填寫完一起交給郵務人員即可。因為郵寄單的表格是日英文對照，所以不用擔心會有書寫上的困難。至於包裹寄送費用的部分，當然和包裹體積的大小、重量、選擇運送方式有關。一般來説，寄送方式選擇「航空便」最貴，但是送達時間也最短，比較適合郵寄有期效性的物品；而最便宜、時間也最久的「船便」，因為物品送達時間往往需要花上 3 ～ 4 周，適合運送書或較重的行李包裹。

大阪阪急內郵便局

消費稅

　　日本消費稅是額外計算的，除了免稅商品之外，其他商品幾乎都要額外加收 5% 的消費稅。不過，除了食品類、化妝品、酒、香菸、醫療用品等消耗性物品之外，在百貨公

司消費只要滿 1 萬日圓，都可以攜帶護照前往退稅櫃台辦理退稅。先填寫退稅單，再持收據和護照，在現場即可領回 5% 消費稅的金額。

電壓

　　台灣的電壓為 110 伏特，而日本的則是 100 伏特，因為電壓可以互通的關係，所以並不需要特地購買變壓器。從台灣帶過去的電子器材大部分都能直接充電使用，如果擔心插頭不同的話，可以多準備一副轉接頭備用。

購物好時機＆折扣季

　　對喜愛血拼的人來說，這項資訊可是很重要的。日本雖然整體物價偏高，但在折扣季時，許多商店可是會不惜成本，出現一口氣下殺到 5 折的流血價，想要一次把所有喜愛商品帶回家，可千萬不能錯過在夏、冬兩次的折扣季。通常夏季折扣會在 6 月底、7 月初開始，差不多到 8 月底漸漸接近尾聲；而冬季的折扣季則是 1 月左右，隨著時間越來越接近月底，折扣價就會越來越漂亮；但還是會有喜愛商品售完或尺碼不齊的狀況，想要用划算價格買到喜愛的商品，抓好折扣季的時間就很重要。

尺碼對照表

女鞋

台灣	日本	美國	歐洲
66	22	5	35
67	22.5	5.5	36
68	23	6	37
69	23.5	6.5	37
70	24	7	38
71	24.5	7.5	38
72	25	8	39

男鞋

台灣	日本	美國	歐洲
78	25	7	40
79	25.5	7.5	41
80	26	8	41
81	26.5	8.5	42
82	27	9	43
83	27.5	9.5	43
84	28	10	44

備註：鞋子版型因不同廠商製作尺寸大小會有所不同。

Info 實用網路資訊

☆日本交流協會：www.koryu.or.jp/taipei-tw
☆日本政府觀光局：www.jnto.go.jp
☆日本氣象廳網站：www.jma.go.jp
☆ジョルダン株式會社：www.jorudan.co.jp
☆トレたび：jikoku.toretabi.jp

緊急應變

護照遺失

在大阪，如果護照不小心遺失時，需要先前往遺失護照當地的警察局索取報失證明，拿著報失證明、個人身分相關證件、2 吋彩色照片 2 張前往「台北駐大阪經濟文化辦事處」，辦理護照補申請手續。

Data

台北駐大阪經濟文化辦事處
◎ 地址：大阪府大阪市西區土佐堀 1-4-8 日榮大樓 4 樓
◎ 網址：www.taiwanembassy.org/JP/OSA/mp.asp?mp=246
◎ 電話：（816）6443-8481~87

生病需要就診時

滯留大阪沒有超過 90 天以上的人，是不用特地去辦理國民健康保險的，但是碰到需要就診時，醫療費用得全額自費。建議就醫時有日文程度相當的人在一旁陪同，方便正確跟醫生溝通病情和相關的醫療手續辦理。

緊急求助電話

如果一個人在外，碰到緊急狀況需要求救，先找到設置的公共電話，不用投任何零錢，直接播打 119 或 110 請求協助。

Info

實用電話號碼

☆ 警察局：110
☆ 救護車：119
☆ 警察局（失物招領）：03-3501-0110
☆ 日本求助熱線：（0120）461-997
☆ 詢問航空班機：
　關西機場（0724）55-2500、成田機場（0476）34-5000

國家圖書館出版品預行編目資料

關西遊學自助超簡單 ／ 柴貓 文‧攝影‧ -- 初
版. -- 臺北市 ： 華成圖書, 2013.03
　　面 ； 公分. -- (GO簡單系列；G0203)

　ISBN 978-986-192-169-3 (平裝)

　1.自助旅行　2.留學　3.日本關西

731.759　　　　　　　　　　101027639

GO簡單系列　G0203

關西遊學自助超簡單

作　　者／柴貓

出版發行／ 華杏出版機構

　　　　　華成圖書出版股份有限公司
　　　　　www.farreaching.com.tw
　　　　　台北市10059新生南路一段50-2號7樓
　　　　　戶　　名　華成圖書出版股份有限公司
　　　　　郵政劃撥　19590886
　　　　　e-mail　huacheng@farseeing.com.tw
　　　　　電　　話　02 23921167
　　　　　傳　　真　02 23225455
　　　　　華杏網址　www.farseeing.com.tw
　　　　　e-mail　fars@ms6.hinet.net
　　　　　華成創辦人　　郭麗群
　　　　　發　行　人　　蕭聿雯
　　　　　總　經　理　　熊芸
　　　　　法律顧問　　蕭雄淋‧陳淑貞

　　　　　總　編　輯　　周慧琍
　　　　　企劃主編　　李清課
　　　　　企劃編輯　　林逸叡
　　　　　執行編輯　　張靜怡
　　　　　美術設計　　李燕青
　　　　　印務主任　　蔡佩欣

定　　　價／以封底定價為準
出版印刷／2013年03月初版1刷

總　經　銷／知己圖書股份有限公司
　　　　　　台中市工業區30路1號　　電話　04-23595819　　傳真　04-23597123

☺ 讀 者 回 函 卡

謝謝您購買此書，為了加強對讀者的服務，請詳細填寫本回函卡，寄回給我們（免貼郵票）或 E-mail至huacheng@farseeing.com.tw給予建議，您即可不定期收到本公司的出版訊息！

您所購買的書名/＿＿＿＿＿＿＿＿＿＿＿＿　　購買書店名/＿＿＿＿＿＿＿＿＿＿＿

您的姓名/＿＿＿＿＿＿＿＿＿＿＿＿＿　　聯絡電話/＿＿＿＿＿＿＿＿＿＿＿

您的性別/□男 □女　　您的生日/西元＿＿＿＿＿年＿＿月＿＿日

您的通訊地址/□□□□□＿＿＿＿＿＿＿＿＿＿＿＿＿＿＿＿＿＿＿

您的電子郵件信箱/＿＿＿＿＿＿＿＿＿＿＿＿＿＿＿＿＿＿＿＿＿＿

您的職業/□學生 □軍公教 □金融 □服務 □資訊 □製造 □自由 □傳播
　　　　　□農漁牧 □家管 □退休 □其他

您的學歷/□國中（含以下） □高中（職） □大學（大專） □研究所（含以上）

您從何處得知本書訊息/（可複選）

□書店 □網路 □報紙 □雜誌 □電視 □廣播 □他人推薦 □其他

您經常的購書習慣/（可複選）

□書店購買 □網路購書 □傳真訂購 □郵政劃撥 □其他＿＿＿＿＿＿＿＿＿

您覺得本書價格/□合理 □偏高 □便宜

您對本書的評價（請填代號/ 1.非常滿意 2.滿意 3.尚可 4.不滿意 5.非常不滿意）

封面設計＿＿＿＿ 版面編排＿＿＿＿ 書名＿＿＿＿ 內容＿＿＿＿ 文筆＿＿＿＿

您對於讀完本書後感到/□收穫很大 □有點小收穫 □沒有收穫

您會推薦本書給別人嗎/□會 □不會 □不一定

您希望閱讀到什麼類型的書籍/＿＿＿＿＿＿＿＿＿＿＿＿＿＿＿＿＿＿＿

您對本書及我們的建議/

華杏出版機構

華成圖書出版股份有限公司　收

台北市10059新生南路一段50-1號4F　TEL/02-23921167

（沿線剪下）

（對折黏貼後，即可直接郵寄）

☺ 本公司為求提升品質特別設計這份「讀者回函卡」，懇請惠予意見，幫助我們更上一層樓。感謝您的支持與愛護！

www.farreaching.com.tw　　請將 G0203 「讀者回函卡」寄回或傳真 (02) 2394-9913